TRANZLATY

La Langue est pour tout le Monde

Limba este pentru toată lumea

Le Manifeste Communiste

Manifestul Comunist

Karl Marx
&
Friedrich Engels

Français / Română

Published by Tranzlaty
ISBN: 978-1-80572-374-5
Original text by Karl Marx and Friedrich Engels
The Communist Manifesto
First published in 1848
www.tranzlaty.com

Introduction
Introducere

Un spectre hante l'Europe : le spectre du communisme
Un spectru bântuie Europa – spectrul comunismului

Toutes les puissances de la vieille Europe ont conclu une sainte alliance pour exorciser ce spectre
Toate puterile vechii Europe au intrat într-o alianță sfântă pentru a exorciza acest spectru

Le pape et le tsar, Metternich et Guizot, les radicaux français et les espions de la police allemande
Papa și țarul, Metternich și Guizot, radicalii francezi și polițiștii-spioni germani

Où est le parti dans l'opposition qui n'a pas été décrié comme communiste par ses adversaires au pouvoir ?
Unde este partidul din opoziție care nu a fost denunțat ca fiind comunist de către oponenții săi de la putere?

Où est l'opposition qui n'a pas rejeté le reproche de marque du communisme contre les partis d'opposition les plus avancés ?
Unde este opoziția care nu a aruncat înapoi reproșul comunismului împotriva partidelor de opoziție mai avansate?

Et où est le parti qui n'a pas porté l'accusation contre ses adversaires réactionnaires ?
Și unde este partidul care nu a făcut acuzația împotriva adversarilor săi reacționari?

Deux choses résultent de ce fait
Două lucruri rezultă din acest fapt

I. Le communisme est déjà reconnu par toutes les puissances européennes comme étant lui-même une puissance
I. Comunismul este deja recunoscut de toate puterile europene ca fiind el însuși o putere

II. Il est grand temps que les communistes publient ouvertement, à la face du monde entier, leurs vues, leurs buts et leurs tendances

II. Este timpul ca comuniștii să-și publice în mod deschis, în fața întregii lumi, opiniile, scopurile și tendințele lor

ils doivent répondre à ce conte enfantin du spectre du communisme par un manifeste du parti lui-même

trebuie să întâmpine această poveste a spectrului comunismului cu un manifest al partidului însuși

À cette fin, des communistes de diverses nationalités se sont réunis à Londres et ont esquissé le manifeste suivant

În acest scop, comuniști de diferite naționalități s-au adunat la Londra și au schițat următorul Manifest

ce manifeste sera publié en anglais, français, allemand, italien, flamand et danois

acest manifest urmează să fie publicat în limbile engleză, franceză, germană, italiană, flamandă și daneză

Et maintenant, il doit être publié dans toutes les langues proposées par Tranzlaty

Și acum urmează să fie publicat în toate limbile pe care le oferă Tranzlaty

Les bourgeois et les prolétaires
Burghezii și proletarii

L'histoire de toutes les sociétés qui ont existé jusqu'à présent est l'histoire des luttes de classes
Istoria tuturor societăților existente până acum este istoria luptelor de clasă

Homme libre et esclave, patricien et plébéien, seigneur et serf, maître de guilde et compagnon
Om liber și sclav, patrician și plebeu, stăpân și iobag, stăpân de breaslă și calfă

en un mot, oppresseur et opprimé
într-un cuvânt, asupritor și asuprit

Ces classes sociales étaient en opposition constante les unes avec les autres
Aceste clase sociale stăteau în opoziție constantă una față de cealaltă

Ils se sont battus sans interruption. Maintenant caché, maintenant ouvert
au dus o luptă neîntreruptă. Acum ascuns, acum deschis

un combat qui s'est terminé par une reconstitution révolutionnaire de la société dans son ensemble
o luptă care s-a încheiat cu o reconstituire revoluționară a societății în general

ou un combat qui s'est terminé par la ruine commune des classes en lutte
sau o luptă care s-a încheiat cu ruina comună a claselor concurente

Jetons un coup d'œil aux époques antérieures de l'histoire
Să ne uităm înapoi la epocile anterioare ale istoriei

Nous trouvons presque partout un arrangement compliqué de la société en divers ordres
Găsim aproape pretutindeni o aranjare complicată a societății în diferite ordine

Il y a toujours eu une gradation multiple du rang social
A existat întotdeauna o gradație multiplă a rangului social

Dans la Rome antique, nous avons des patriciens, des chevaliers, des plébéiens, des esclaves

În Roma antică avem patricieni, cavaleri, plebei, sclavi

au Moyen Âge : seigneurs féodaux, vassaux, maîtres de corporation, compagnons, apprentis, serfs

în Evul Mediu: lorzi feudali, vasali, stăpâni de breaslă, calfe, ucenici, iobagi

Dans presque toutes ces classes, encore une fois, les gradations subordonnées

în aproape toate aceste clase, din nou, gradații subordonate

La société bourgeoise moderne est née des ruines de la société féodale

Societatea burgheză modernă a răsărit din ruinele societății feudale

Mais ce nouvel ordre social n'a pas fait disparaître les antagonismes de classe

Dar această nouă ordine socială nu a eliminat antagonismele de clasă

Elle n'a fait qu'établir de nouvelles classes et de nouvelles conditions d'oppression

Ea nu a făcut decât să stabilească noi clase și noi condiții de opresiune

Il a mis en place de nouvelles formes de lutte à la place des anciennes

a stabilit noi forme de luptă în locul celor vechi

Cependant, l'époque dans laquelle nous nous trouvons possède un trait distinctif

Cu toate acestea, epoca în care ne aflăm posedă o trăsătură distinctivă

l'époque de la bourgeoisie a simplifié les antagonismes de classe

epoca burgheziei a simplificat antagonismele de clasă

La société dans son ensemble se divise de plus en plus en deux grands camps hostiles

Societatea în ansamblu se împarte din ce în ce mai mult în două mari tabere ostile

deux grandes classes sociales qui se font directement face : la bourgeoisie et le prolétariat

două mari clase sociale care se confruntă direct: burghezia și proletariatul

Des serfs du Moyen Âge sont sortis les bourgeois agréés des premières villes

Din iobagii Evului Mediu au apărut burghezii din primele orașe

C'est à partir de ces bourgeois que se sont développés les premiers éléments de la bourgeoisie

Din acești burghezi s-au dezvoltat primele elemente ale burgheziei

La découverte de l'Amérique et le contournement du Cap

Descoperirea Americii și ocolirea Capului

ces événements ont ouvert un nouveau terrain à la bourgeoisie montante

aceste evenimente au deschis un teren nou pentru burghezia în ascensiune

Les marchés des Indes orientales et de la Chine, la colonisation de l'Amérique, le commerce avec les colonies

Piețele din India de Est și China, colonizarea Americii, comerțul cu coloniile

l'augmentation des moyens d'échange et des marchandises en général

creșterea mijloacelor de schimb și a mărfurilor în general

Ces événements donnèrent au commerce, à la navigation et à l'industrie une impulsion jamais connue jusque-là

Aceste evenimente au dat comerțului, navigației și industriei un impuls nemaicunoscut până acum

Elle a donné un développement rapide à l'élément révolutionnaire dans la société féodale chancelante

a dat o dezvoltare rapidă elementului revoluționar în societatea feudală clătinată

Les guildes fermées avaient monopolisé le système féodal de la production industrielle

breslele închise monopolizaseră sistemul feudal de producție industrială

Mais cela ne suffisait plus aux besoins croissants des nouveaux marchés

dar acest lucru nu mai era suficient pentru nevoile crescânde ale noilor piețe

Le système manufacturier a pris la place du système féodal de l'industrie

Sistemul manufacturier a luat locul sistemului feudal al industriei

Les maîtres de guilde étaient poussés d'un côté par la classe moyenne manufacturière

Stăpânii breslelor au fost împinși pe o parte de clasa de mijloc manufacturieră

La division du travail entre les différentes corporations a disparu

Diviziunea muncii între diferitele bresle corporative a dispărut

La division du travail s'infiltrait dans chaque atelier

diviziunea muncii a pătruns în fiecare atelier

Pendant ce temps, les marchés ne cessaient de croître et la demande ne cessait d'augmenter

Între timp, piețele au continuat să crească, iar cererea a crescut tot mai mult

Même les usines ne suffisaient plus à répondre à la demande

Nici măcar fabricile nu mai erau suficiente pentru a satisface cererile

À partir de là, la vapeur et les machines ont révolutionné la production industrielle

Astfel, aburul și utilajele au revoluționat producția industrială

La place de fabrication a été prise par le géant de l'industrie moderne

Locul de fabricație a fost luat de gigantul Industriei Moderne

La place de la classe moyenne industrielle a été prise par des millionnaires industriels

Locul clasei de mijloc industriale a fost luat de milionarii industriali

la place de chefs d'armées industrielles entières ont été prises par la bourgeoisie moderne

locul conducătorilor întregilor armate industriale a fost luat de burghezia modernă

la découverte de l'Amérique a ouvert la voie à l'industrie moderne pour établir le marché mondial

descoperirea Americii a deschis calea pentru ca industria modernă să stabilească piața mondială

Ce marché donna un immense développement au commerce, à la navigation et aux communications par terre

Această piață a dat o dezvoltare imensă comerțului, navigației și comunicațiilor pe uscat

Cette évolution a, en son temps, réagi à l'extension de l'industrie

Această evoluție a reacționat, la vremea sa, la extinderea industriei

elle a réagi proportionnellement à l'expansion de l'industrie et à l'extension du commerce, de la navigation et des chemins de fer

a reacționat proporțional cu modul în care industria s-a extins și cum s-au extins comerțul, navigația și căile ferate

dans la même proportion que la bourgeoisie s'est développée, elle a augmenté son capital

în aceeași proporție în care s-a dezvoltat burghezia, ei și-au mărit capitalul

et la bourgeoisie a relégué à l'arrière-plan toutes les classes héritées du Moyen Âge

iar burghezia a împins în plan secund fiecare clasă moștenită din Evul Mediu

c'est pourquoi la bourgeoisie moderne est elle-même le produit d'un long développement

prin urmare, burghezia modernă este ea însăși produsul unui lung curs de dezvoltare

On voit qu'il s'agit d'une série de révolutions dans les modes de production et d'échange

Vedem că este o serie de revoluții în modurile de producție și de schimb

Chaque étape du développement de la bourgeoisie s'accompagnait d'une avancée politique correspondante

Fiecare pas de dezvoltare al burgheziei a fost însoțit de un avans politic corespunzător

Une classe opprimée sous l'emprise de la noblesse féodale

O clasă asuprită sub stăpânirea nobilimii feudale

Une association armée et autonome dans la commune médiévale

o asociație înarmată și autonomă în comuna medievală

ici, une république urbaine indépendante (comme en Italie et en Allemagne)

aici, o republică urbană independentă (ca în Italia și Germania)

là, un « tiers état » imposable de la monarchie (comme en France)

acolo, o "a treia stare" impozabilă a monarhiei (ca în Franța)

par la suite, dans la période de fabrication proprement dite

ulterior, în perioada de fabricație propriu-zisă

la bourgeoisie servait soit la monarchie semi-féodale, soit la monarchie absolue

burghezia a servit fie monarhia semifeudală, fie monarhia absolută

ou bien la bourgeoisie faisait contrepoids à la noblesse

sau burghezia a acționat ca o contrapondere împotriva nobilimii

et, en fait, la bourgeoisie était une pierre angulaire des grandes monarchies en général

și, de fapt, burghezia a fost o piatră de temelie a marilor monarhii în general

mais l'industrie moderne et le marché mondial se sont établis depuis lors

dar industria modernă și piața mondială s-au impus de atunci

et la bourgeoisie s'est emparée de l'emprise politique exclusive

iar burghezia a cucerit pentru ea stăpânire politică exclusivă

elle a obtenu cette influence politique à travers l'État représentatif moderne

a obținut această influență politică prin statul reprezentativ modern

Les exécutifs de l'État moderne ne sont qu'un comité de gestion

Executivii statului modern nu sunt decât un comitet de conducere

et ils gèrent les affaires communes de toute la bourgeoisie

și ei conduc afacerile comune ale întregii burghezii

La bourgeoisie, historiquement, a joué un rôle des plus révolutionnaires

Burghezia, din punct de vedere istoric, a jucat un rol revoluționar

Partout où elle a pris le dessus, elle a mis fin à toutes les relations féodales, patriarcales et idylliques

Oriunde a avut avantajul, a pus capăt tuturor relațiilor feudale, patriarhale și idilice

Elle a impitoyablement déchiré les liens féodaux hétéroclites qui liaient l'homme à ses « supérieurs naturels »

Ea a sfâșiat fără milă legăturile feudale pestrițe care îl legau pe om de "superiorii săi naturali"

et il n'y a plus de lien entre l'homme et l'homme, si ce n'est l'intérêt personnel

și nu a lăsat nici o legătură între om și om, în afară de interesul propriu

Les relations de l'homme entre eux ne sont plus qu'un « paiement en espèces » impitoyable

Relațiile omului între ei nu au devenit altceva decât o "plată în numerar" insensibilă

Elle a noyé les extases les plus célestes de la ferveur religieuse

A înecat cele mai cerești extaze ale fervoarei religioase

**elle a noyé l'enthousiasme chevaleresque et le
sentimentalisme philistin**
A înecat entuziasmul cavaleresc şi sentimentalismul filistean
Il a noyé ces choses dans l'eau glacée du calcul égoïste
a înecat aceste lucruri în apa îngheţată a calcului egoist
Il a transformé la valeur personnelle en valeur échangeable
A rezolvat valoarea personală în valoare de schimb
**elle a remplacé les innombrables et inaliénables libertés
garanties par la Charte**
a înlocuit nenumăratele şi indelebile libertăţi statutare
**et il a mis en place une liberté unique et inadmissible ;
Libre-échange**
şi a stabilit o singură libertate de neconceput; Comerţ liber
En un mot, il l'a fait pour l'exploitation
Într-un cuvânt, a făcut acest lucru pentru exploatare
**Une exploitation voilée par des illusions religieuses et
politiques**
exploatare acoperită de iluzii religioase şi politice
**l'exploitation voilée par une exploitation nue, éhontée,
directe, brutale**
exploatare ascunsă de exploatare goală, neruşinată, directă,
brutală
**la bourgeoisie a enlevé l'auréole de toutes les occupations
jusque-là honorées et vénérées**
burghezia a dezbrăcat aureola de orice ocupaţie onorată şi
venerată anterior
le médecin, l'avocat, le prêtre, le poète et l'homme de science
medicul, avocatul, preotul, poetul şi omul de ştiinţă
**Il a converti ces travailleurs distingués en ses travailleurs
salariés**
i-a transformat pe aceşti muncitori distinşi în muncitori
salariaţi plătiţi
La bourgeoisie a déchiré le voile sentimental de la famille
Burghezia a rupt vălul sentimental de pe familie
**et elle a réduit la relation familiale à une simple relation
d'argent**

și a redus relația de familie la o simplă relație de bani

la brutale démonstration de vigueur au Moyen Âge que les réactionnaires admirent tant

manifestarea brutală de vigoare în Evul Mediu pe care reacționarii o admiră atât de mult

Même cela a trouvé son complément approprié dans l'indolence la plus paresseuse

chiar și aceasta și-a găsit complementul potrivit în cea mai leneșă indolență

La bourgeoisie a révélé comment tout cela s'est passé

Burghezia a dezvăluit cum s-au întâmplat toate acestea

La bourgeoisie a été la première à montrer ce que l'activité de l'homme peut produire

Burghezia a fost prima care a arătat ce poate aduce activitatea omului

Il a accompli des merveilles surpassant de loin les pyramides égyptiennes, les aqueducs romains et les cathédrales gothiques

A realizat minuni depășind cu mult piramidele egiptene, apeductele romane și catedralele gotice

et il a mené des expéditions qui ont mis dans l'ombre tous les anciens Exodes des nations et les croisades

și a condus expediții care au pus în umbră toate fostele exoduri ale națiunilor și cruciade

La bourgeoisie ne peut exister sans révolutionner sans cesse les instruments de production

Burghezia nu poate exista fără a revoluționa constant instrumentele de producție

et par conséquent elle ne peut exister sans ses rapports à la production

și, prin urmare, nu poate exista fără relațiile sale cu producția

et donc elle ne peut exister sans ses relations avec la société

și, prin urmare, nu poate exista fără relațiile sale cu societatea

Toutes les classes industrielles antérieures avaient une condition en commun

Toate clasele industriale anterioare aveau o condiție în comun

Ils s'appuyaient sur la conservation des anciens modes de production

s-au bazat pe conservarea vechilor moduri de producție

mais la bourgeoisie a apporté avec elle une dynamique tout à fait nouvelle

dar burghezia a adus cu ea o dinamică complet nouă

Révolution constante de la production et perturbation ininterrompue de toutes les conditions sociales

Revoluționarea constantă a producției și perturbarea neîntreruptă a tuturor condițiilor sociale

cette incertitude et cette agitation perpétuelles distinguent l'époque bourgeoise de toutes les époques antérieures

această incertitudine și agitație veșnică disting epoca burgheziei de toate cele anterioare

Les relations antérieures avec la production s'accompagnaient de préjugés et d'opinions anciens et vénérables

Relațiile anterioare cu producția au venit cu prejudecăți și opinii străvechi și venerabile

Mais toutes ces relations figées et figées sont balayées d'un revers de main

dar toate aceste relații fixe și înghețate sunt măturate

Toutes les relations nouvellement formées deviennent archaïques avant de pouvoir s'ossifier

toate relațiile nou formate devin învechite înainte de a se putea osifica

Tout ce qui est solide se fond dans l'air, et tout ce qui est saint est profané

Tot ceea ce este solid se topește în aer și tot ce este sfânt este profanat

L'homme est enfin forcé de faire face, avec des sens sobres, à ses conditions réelles de vie

Omul este în sfârșit obligat să înfrunte cu simțurile serioase, condițiile sale reale de viață

et il est obligé de faire face à ses relations avec les siens

și este obligat să-și înfrunte relațiile cu neamul său

La bourgeoisie a constamment besoin d'élargir ses marchés pour ses produits
Burghezia are nevoie în mod constant să-și extindă piețele pentru produsele sale
et, à cause de cela, la bourgeoisie est poursuivie sur toute la surface du globe
și, din această cauză, burghezia este urmărită pe întreaga suprafață a globului
La bourgeoisie doit se nicher partout, s'installer partout, établir des liens partout
Burghezia trebuie să se cuibărească peste tot, să se stabilească peste tot, să stabilească legături peste tot
La bourgeoisie doit créer des marchés dans tous les coins du monde pour exploiter
Burghezia trebuie să creeze piețe în fiecare colț al lumii pentru a le exploata
La production et la consommation dans tous les pays ont reçu un caractère cosmopolite
Producția și consumul din fiecare țară au primit un caracter cosmopolit
le chagrin des réactionnaires est palpable, mais il s'est poursuivi malgré tout
supărarea reacționarilor este palpabilă, dar a continuat cu toate acestea.
La bourgeoisie a tiré de dessous les pieds de l'industrie le terrain national sur lequel elle se trouvait
Burghezia a tras de sub picioarele industriei terenul național pe care stătea
Toutes les anciennes industries nationales ont été détruites, ou sont détruites chaque jour
toate industriile naționale vechi au fost distruse sau sunt distruse zilnic
Toutes les anciennes industries nationales sont délogées par de nouvelles industries
Toate industriile naționale vechi sunt dislocate de noi industrii

Leur introduction devient une question de vie ou de mort pour toutes les nations civilisées

introducerea lor devine o întrebare de viață și de moarte pentru toate națiunile civilizate

Ils sont délogés par les industries qui ne travaillent plus la matière première indigène

sunt dislocate de industrii care nu mai exploatează materie primă autohtonă

Au lieu de cela, ces industries extraient des matières premières des zones les plus reculées

în schimb, aceste industrii extrag materii prime din zonele cele mai îndepărtate

dont les produits sont consommés, non seulement chez nous, mais dans tous les coins du monde

industrii ale căror produse sunt consumate, nu numai acasă, ci în fiecare colț al globului

À la place des anciens besoins, satisfaits par les productions du pays, nous trouvons de nouveaux besoins

În locul vechilor dorințe, satisfăcute de producțiile țării, găsim noi nevoi

Ces nouveaux besoins exigent pour leur satisfaction les produits des pays et des climats lointains

Aceste noi nevoi necesită pentru satisfacerea lor produse din țări și clime îndepărtate

À la place de l'ancien isolement et de l'autosuffisance locaux et nationaux, nous avons le commerce

În locul vechii izolări și autosuficiențe locale și naționale, avem comerț

les échanges internationaux dans toutes les directions ; l'interdépendance universelle des nations

schimburi internaționale în toate direcțiile; interdependența universală a națiunilor

Et de même que nous sommes dépendants des matériaux, nous sommes dépendants de la production intellectuelle

Și așa cum depindem de materiale, tot așa suntem dependenți de producția intelectuală

Les créations intellectuelles des nations individuelles deviennent la propriété commune

Creațiile intelectuale ale națiunilor individuale devin proprietate comună

L'unilatéralité nationale et l'étroitesse d'esprit deviennent de plus en plus impossibles

Unilateralitatea națională și îngustimea mentală devin din ce în ce mai imposibile

et des nombreuses littératures nationales et locales, surgit une littérature mondiale

și din numeroasele literaturi naționale și locale, se naște o literatură mondială

par l'amélioration rapide de tous les instruments de production

prin îmbunătățirea rapidă a tuturor instrumentelor de producție

par les moyens de communication immensément facilités

prin mijloacele de comunicare extrem de facilitate

La bourgeoisie entraîne tout le monde (même les nations les plus barbares) dans la civilisation

Burghezia atrage toate (chiar și cele mai barbare națiuni) în civilizație

Les prix bon marché de ses marchandises ; l'artillerie lourde qui abat toutes les murailles chinoises

Prețurile ieftine ale mărfurilor sale; artileria grea care dărâmă toate zidurile chinezești

La haine obstinée des barbares contre les étrangers est forcée de capituler

Ura intens încăpățânată a barbarilor față de străini este forțată să capituleze

Elle oblige toutes les nations, sous peine d'extinction, à adopter le mode de production bourgeois

Ea obligă toate națiunile, sub pedeapsa disparitiei, să adopte modul de producție burghez

elle les oblige à introduire ce qu'elle appelle la civilisation en leur sein

îi obligă să introducă ceea ce numește civilizație în mijlocul lor

La bourgeoisie force les barbares à devenir eux-mêmes bourgeois

Burghezia îi forțează pe barbari să devină ei înșiși burghezi

en un mot, la bourgeoisie crée un monde à son image

într-un cuvânt, burghezia creează o lume după propria imagine

La bourgeoisie a soumis les campagnes à la domination des villes

Burghezia a supus mediul rural stăpânirii orașelor

Il a créé d'énormes villes et considérablement augmenté la population urbaine

A creat orașe enorme și a crescut foarte mult populația urbană

Il a sauvé une partie considérable de la population de l'idiotie de la vie rurale

a salvat o parte considerabilă a populației de idioțenia vieții rurale

mais elle a rendu les ruraux dépendants des villes

dar i-a făcut pe cei de la țară dependenți de orașe

et de même, elle a rendu les pays barbares dépendants des pays civilisés

și, de asemenea, a făcut țările barbare dependente de cele civilizate

nations paysannes sur nations bourgeoises, l'Orient sur Occident

națiuni de țărani pe națiuni de burghezie, de la est la vest

La bourgeoisie se débarrasse de plus en plus de l'éparpillement de la population

Burghezia elimină din ce în ce mai mult statul împrăștiat al populației

Il a une production agglomérée et a concentré la propriété entre quelques mains

A aglomerat producția și a concentrat proprietatea în câteva mâini

La conséquence nécessaire de cela a été la centralisation politique

Consecința necesară a acestui lucru a fost centralizarea politică

Il y avait eu des nations indépendantes et des provinces vaguement reliées entre elles

au existat națiuni independente și provincii slab conectate

Ils avaient des intérêts, des lois, des gouvernements et des systèmes d'imposition distincts

au avut interese, legi, guverne și sisteme de impozitare separate

Mais ils ont été regroupés en une seule nation, avec un seul gouvernement

dar au fost grupate într-o singură națiune, cu un singur guvern

Ils ont maintenant un intérêt de classe national, une frontière et un tarif douanier

acum au un interes de clasă național, o frontieră și un tarif vamal

Et cet intérêt de classe national est unifié sous un seul code de loi

și acest interes național de clasă este unificat sub un singur cod de legi

la bourgeoisie a accompli beaucoup de choses au cours de son règne d'à peine cent ans

burghezia a realizat multe în timpul guvernării sale de abia o sută de ani

forces productives plus massives et plus colossales que toutes les générations précédentes réunies

forțe de producție mai masive și colosale decât toate generațiile anterioare împreună

Les forces de la nature sont soumises à la volonté de l'homme et de ses machines

Forțele naturii sunt subjugate voinței omului și mașinăriei sale

La chimie s'applique à toutes les formes d'industrie et à tous les types d'agriculture

Chimia este aplicată tuturor formelor de industrie și tipurilor de agricultură

**la navigation à vapeur, les chemins de fer, les télégraphes
électriques et l'imprimerie**

navigație cu aburi, căi ferate, telegrafe electrice și tiparniță

**défrichement de continents entiers pour la culture,
canalisation des rivières**

defrișarea continentelor întregi pentru cultivare, canalizarea
râurilor

**Des populations entières ont été extirpées du sol et mises au
travail**

populații întregi au fost scoase din pământ și puse la lucru

**Quel siècle précédent avait ne serait-ce qu'un pressentiment
de ce qui pourrait être déchaîné ?**

Ce secol anterior a avut măcar o presimțire a ceea ce ar putea
fi dezlănțuit?

**Qui aurait prédit que de telles forces productives
sommeillaient dans le giron du travail social ?**

Cine a prezis că astfel de forțe productive dorm în poala
muncii sociale?

**Nous voyons donc que les moyens de production et
d'échange ont été générés dans la société féodale**

vedem atunci că mijloacele de producție și de schimb au fost
generate în societatea feudală

**les moyens de production sur la base desquels la
bourgeoisie s'est construite**

mijloacele de producție pe temelia cărora s-a construit
burghezia

**À un certain stade du développement de ces moyens de
production et d'échange**

La un anumit stadiu al dezvoltării acestor mijloace de
producție și de schimb

**les conditions dans lesquelles la société féodale produisait et
échangeait**

condițiile în care societatea feudală a produs și a făcut schimb

**L'organisation féodale de l'agriculture et de l'industrie
manufacturière**

Organizația feudală a agriculturii și industriei prelucrătoare

Les rapports féodaux de propriété n'étaient plus compatibles avec les conditions matérielles

relațiile feudale de proprietate nu mai erau compatibile cu condițiile materiale

Ils devaient être brisés, alors ils ont été brisés

Au trebuit să fie sparte în bucăți, așa că au fost rupte în bucăți

À leur place s'est ajoutée la libre concurrence des forces productives

În locul lor a pășit concurența liberă din partea forțelor productive

et ils étaient accompagnés d'une constitution sociale et politique adaptée à celle-ci

și au fost însoțite de o constituție socială și politică adaptată acesteia

et elle s'accompagnait de l'emprise économique et politique de la classe bourgeoise

și a fost însoțit de influența economică și politică a clasei burgheze

Un mouvement similaire est en train de se produire sous nos yeux

O mișcare similară se întâmplă sub ochii noștri

La société bourgeoise moderne avec ses rapports de production, d'échange et de propriété

Societatea burgheză modernă cu relațiile sale de producție, de schimb și de proprietate

une société qui a inventé des moyens de production et d'échange aussi gigantesques

o societate care a creat mijloace de producție și de schimb atât de gigantice

C'est comme le sorcier qui a invoqué les puissances de l'au-delà

Este ca vrăjitorul care a chemat puterile lumii inferioare

Mais il n'est plus capable de contrôler ce qu'il a mis au monde

Dar nu mai este capabil să controleze ceea ce a adus în lume

Pendant de nombreuses décennies, l'histoire a été liée par un fil conducteur

Timp de mai multe decenii, istoria trecută a fost legată de un fir comun

L'histoire de l'industrie et du commerce n'a été que l'histoire des révoltes

istoria industriei și a comerțului nu a fost decât istoria revoltelor

Les révoltes des forces productives modernes contre les conditions modernes de production

revoltele forțelor de producție moderne împotriva condițiilor moderne de producție

Les révoltes des forces productives modernes contre les rapports de propriété

revoltele forțelor de producție moderne împotriva relațiilor de proprietate

ces rapports de propriété sont les conditions de l'existence de la bourgeoisie

aceste relații de proprietate sunt condițiile existenței burgheziei

et l'existence de la bourgeoisie détermine les règles des rapports de propriété

iar existența burgheziei determină regulile pentru relațiile de proprietate

Il suffit de mentionner le retour périodique des crises commerciales

Este suficient să menționăm revenirea periodică a crizelor comerciale

chaque crise commerciale est plus menaçante pour la société bourgeoise que la précédente

fiecare criză comercială este mai amenințătoare pentru societatea burgheză decât ultima

Dans ces crises, une grande partie des produits existants sont détruits

În aceste crize o mare parte din produsele existente sunt distruse

Mais ces crises détruisent aussi les forces productives créées précédemment

Dar aceste crize distrug și forțele de producție create anterior

Dans toutes les époques antérieures, ces épidémies auraient semblé une absurdité

În toate epocile anterioare, aceste epidemii ar fi părut o absurditate

parce que ces épidémies sont les crises commerciales de la surproduction

pentru că aceste epidemii sunt crizele comerciale ale supraproducției

La société se trouve soudain remise dans un état de barbarie momentanée

Societatea se trezește brusc înapoi într-o stare de barbarie de moment

comme si une guerre universelle de dévastation avait coupé tous les moyens de subsistance

ca și cum un război universal de devastare ar fi tăiat orice mijloace de subzistență

l'industrie et le commerce semblent avoir été détruits ; Et pourquoi ?

industria și comerțul par să fi fost distruse; Și de ce?

Parce qu'il y a trop de civilisation et de moyens de subsistance

Pentru că există prea multă civilizație și mijloace de subzistență

et parce qu'il y a trop d'industrie et trop de commerce

și pentru că există prea multă industrie și prea mult comerț

Les forces productives à la disposition de la société ne développent plus la propriété bourgeoise

Forțele de producție de care dispune societatea nu mai dezvoltă proprietatea burgheză

au contraire, ils sont devenus trop puissants pour ces conditions, par lesquelles ils sont enchaînés

dimpotrivă, au devenit prea puternici pentru aceste condiții, prin care sunt înlănțuiți

dès qu'ils surmontent ces entraves, ils mettent le désordre dans toute la société bourgeoise

de îndată ce depășesc aceste cătușe, aduc dezordine în întreaga societate burgheză

et les forces productives mettent en danger l'existence de la propriété bourgeoise

iar forțele de producție pun în pericol existența proprietății burgheze

Les conditions de la société bourgeoise sont trop étroites pour englober les richesses qu'elles créent

Condițiile societății burgheze sunt prea înguste pentru a cuprinde bogăția creată de ele

Et comment la bourgeoisie surmonte-t-elle ces crises ?

Și cum trece burghezia peste aceste crize?

D'une part, elle surmonte ces crises par la destruction forcée d'une masse de forces productives

Pe de o parte, depășește aceste crize prin distrugerea forțată a unei mase de forțe productive

D'autre part, elle surmonte ces crises par la conquête de nouveaux marchés

pe de altă parte, depășește aceste crize prin cucerirea de noi piețe

et elle surmonte ces crises par l'exploitation plus poussée des anciennes forces productives

și depășește aceste crize prin exploatarea mai profundă a vechilor forțe de producție

C'est-à-dire en ouvrant la voie à des crises plus étendues et plus destructrices

Cu alte cuvinte, deschizând calea pentru crize mai extinse și mai distructive

elle surmonte la crise en diminuant les moyens de prévention des crises

ea depășește criza prin diminuarea mijloacelor prin care sunt prevenite crizele

Les armes avec lesquelles la bourgeoisie a abattu le féodalisme sont maintenant retournées contre elle-même

Armele cu care burghezia a doborât feudalismul sunt acum
întoarse împotriva ei însăşi

**Mais non seulement la bourgeoisie a-t-elle forgé les armes
qui lui apportent la mort**

Dar nu numai că burghezia a forjat armele care îşi aduc
moartea

**Il a également appelé à l'existence les hommes qui doivent
manier ces armes**

De asemenea, i-a chemat la existenţă pe oamenii care urmau să
mânuiască acele arme

**Et ces hommes sont la classe ouvrière moderne ; Ce sont les
prolétaires**

şi aceşti oameni sunt clasa muncitoare modernă; ei sunt
proletarii

**À mesure que la bourgeoisie se développe, le prolétariat se
développe dans la même proportion**

În măsura în care burghezia este dezvoltată, în aceeaşi
proporţie se dezvoltă proletariatul

**La classe ouvrière moderne a développé une classe
d'ouvriers**

clasa muncitoare modernă a dezvoltat o clasă de muncitori

**Cette classe d'ouvriers ne vit que tant qu'elle trouve du
travail**

Această clasă de muncitori trăieşte doar atâta timp cât îşi
găsesc de lucru

**et ils ne trouvent de travail qu'aussi longtemps que leur
travail augmente le capital**

şi îşi găsesc de lucru numai atâta timp cât munca lor creşte
capitalul

**Ces ouvriers, qui doivent se vendre à la pièce, sont une
marchandise**

Aceşti muncitori, care trebuie să se vândă pe bucăţi, sunt o
marfă

**Ces ouvriers sont comme tous les autres articles de
commerce**

aceşti muncitori sunt ca orice alt articol de comerţ

et, par conséquent, ils sont exposés à toutes les vicissitudes de la concurrence

şi, în consecinţă, sunt expuşi la toate vicisitudinile concurenţei

Ils doivent faire face à toutes les fluctuations du marché

trebuie să facă faţă tuturor fluctuaţiilor pieţei

En raison de l'utilisation intensive des machines et de la division du travail

Datorită utilizării pe scară largă a maşinilor şi diviziunii muncii

Le travail des prolétaires a perdu tout caractère individuel

Munca proletarilor şi-a pierdut orice caracter individual

et, par conséquent, le travail des prolétaires a perdu tout charme pour l'ouvrier

şi, în consecinţă, munca proletarilor şi-a pierdut tot farmecul pentru muncitor

Il devient un appendice de la machine, plutôt que l'homme qu'il était autrefois

El devine un apendice al maşinii, mai degrabă decât omul care a fost cândva

On n'exige de lui que l'habileté la plus simple, la plus monotone et la plus facile à acquérir

Numai cel mai simplu, monoton şi cel mai uşor de dobândit este necesar de la el

Par conséquent, le coût de production d'un ouvrier est limité

Prin urmare, costul de producţie al unui muncitor este restricţionat

elle se limite presque entièrement aux moyens de subsistance dont il a besoin pour son entretien

este limitată aproape în întregime la mijloacele de subzistenţă de care are nevoie pentru întreţinerea sa

et elle est limitée aux moyens de subsistance dont il a besoin pour la propagation de sa race

şi este limitat la mijloacele de subzistenţă de care are nevoie pentru propagarea rasei sale

Mais le prix d'une marchandise, et par conséquent aussi du travail, est égal à son coût de production

Dar prețul unei mărfuri și, prin urmare, și al muncii, este egal cu costul său de producție

C'est pourquoi, à mesure que le travail répugnant augmente, le salaire diminue

Prin urmare, în măsura în care respingerea muncii crește, salariul scade

Bien plus, le caractère répugnant de son travail augmente à un rythme encore plus grand

Ba mai mult, respingerea operei sale crește într-un ritm și mai mare

À mesure que l'utilisation des machines et la division du travail augmentent, le fardeau du labeur augmente également

Pe măsură ce utilizarea mașinilor și diviziunea muncii crește, crește și povara muncii

La charge de travail est augmentée par la prolongation du temps de travail

povara muncii este sporită prin prelungirea orelor de lucru

On attend plus de l'ouvrier dans le même temps qu'auparavant

se așteaptă mai mult de la muncitor în același timp ca înainte

Et bien sûr, le poids du labeur est augmenté par la vitesse de la machine

și, desigur, povara muncii este crescută de viteza mașinilor

L'industrie moderne a transformé le petit atelier du maître patriarcal en la grande usine du capitaliste industriel

Industria modernă a transformat micul atelier al stăpânului patriarhal în marea fabrică a capitalistului industrial

Des masses d'ouvriers, entassés dans l'usine, s'organisent comme des soldats

Masele de muncitori, înghesuite în fabrică, sunt organizate ca niște soldați

En tant que simples soldats de l'armée industrielle, ils sont placés sous le commandement d'une hiérarchie parfaite d'officiers et de sergents

Ca soldați ai armatei industriale, ei sunt plasați sub comanda unei ierarhii perfecte de ofițeri și sergenți

ils ne sont pas seulement les esclaves de la classe bourgeoise et de l'État

ei nu sunt doar sclavii burgheziei, clasei și statului

Mais ils sont aussi asservis quotidiennement et d'heure en heure par la machine

dar sunt și sclavi zilnic și din oră în oră de mașină

ils sont asservis par le surveillant, et surtout par le fabricant bourgeois lui-même

ele sunt înrobite de privitor și, mai presus de toate, de însuși burghezia însuși

Plus ce despotisme proclame ouvertement que le gain est sa fin et son but, plus il est mesquin, plus haïssable et plus aigri

Cu cât acest despotism proclamă mai deschis că câștigul este scopul și scopul său, cu atât este mai meschin, mai urât și mai amar

Plus l'industrie moderne se développe, moins les différences entre les sexes sont grandes

Cu cât industria modernă se dezvoltă, cu atât diferențele dintre sexe sunt mai mici

Moins le travail manuel exige d'habileté et d'effort de force, plus le travail des hommes est supplanté par celui des femmes

Cu cât munca manuală este mai puțină îndemânarea și forța implicată, cu atât munca bărbaților este mai mult înlocuită de cea a femeilor

Les différences d'âge et de sexe n'ont plus de validité sociale distincte pour la classe ouvrière

Diferențele de vârstă și sex nu mai au nicio validitate socială distinctivă pentru clasa muncitoare

Tous sont des instruments de travail, plus ou moins coûteux à utiliser, selon leur âge et leur sexe

Toate sunt instrumente de muncă, mai mult sau mai puțin costisitoare de utilizat, în funcție de vârstă și sex

dès que l'ouvrier reçoit son salaire en espèces, il est attaqué par les autres parties de la bourgeoisie

de îndată ce muncitorul îşi primeşte salariul în numerar, atunci este atacat de celelalte părţi ale burgheziei

le propriétaire, le commerçant, le prêteur sur gages, etc

proprietarul, negustorul, amanetul etc

Les couches inférieures de la classe moyenne ; les petits commerçants et les commerçants

Păturile inferioare ale clasei de mijloc; Micii meseriaşi şi comercianţii

les commerçants retraités en général, et les artisans et les paysans

comercianţii pensionaţi în general, meşteşugarii şi ţăranii

tout cela s'enfonce peu à peu dans le prolétariat

toate acestea se scufundă treptat în proletariat

en partie parce que leur petit capital ne suffit pas à l'échelle sur laquelle l'industrie moderne est exercée

parţial pentru că capitalul lor redus nu este suficient pentru amploarea pe care se desfăşoară industria modernă

et parce qu'elle est submergée par la concurrence avec les grands capitalistes

şi pentru că este copleşit în competiţia cu marii capitalişti

en partie parce que leur savoir-faire spécialisé est rendu sans valeur par les nouvelles méthodes de production

în parte pentru că priceperea lor specializată este făcută fără valoare de noile metode de producţie

Ainsi le prolétariat se recrute dans toutes les classes de la population

Astfel, proletariatul este recrutat din toate clasele populaţiei

Le prolétariat passe par différents stades de développement

Proletariatul trece prin diferite stadii de dezvoltare

Avec sa naissance commence sa lutte contre la bourgeoisie

Odată cu naşterea ei începe lupta cu burghezia

Dans un premier temps, la lutte est menée par des ouvriers individuels

La început, concursul este purtat de muncitori individuali

Ensuite, le concours est mené par les ouvriers d'une usine

apoi concursul este continuat de muncitorii unei fabrici

Ensuite, la lutte est menée par les agents d'un métier, dans une localité

apoi lupta este purtată de lucrătorii unei meserii, într-o localitate

et la lutte est alors contre la bourgeoisie individuelle qui les exploite directement

iar lupta este atunci împotriva burgheziei individuale care îi exploatează direct

Ils ne dirigent pas leurs attaques contre les conditions de production de la bourgeoisie

Ei îşi direcţionează atacurile nu împotriva condiţiilor de producţie ale burgheziei

mais ils dirigent leur attaque contre les instruments de production eux-mêmes

dar îşi îndreaptă atacul împotriva instrumentelor de producţie însele

Ils détruisent les marchandises importées qui font concurrence à leur main-d'œuvre

distrug mărfurile importate care concurează cu forţa lor de muncă

Ils brisent les machines et mettent le feu aux usines

sparg în bucăţi maşini şi dau foc fabricilor

ils cherchent à restaurer par la force le statut disparu de l'ouvrier du Moyen Âge

ei caută să restabilească prin forţă statutul dispărut al muncitorului din Evul Mediu

À ce stade, les ouvriers forment encore une masse incohérente dispersée dans tout le pays

În acest stadiu, muncitorii încă formează o masă incoerentă împrăştiată în întreaga ţară

et ils sont brisés par leur concurrence mutuelle

şi sunt despărţiţi de competiţia lor reciprocă

S'ils s'unissent quelque part pour former des corps plus compacts, ce n'est pas encore la conséquence de leur propre union active

Dacă undeva se unesc pentru a forma corpuri mai compacte, aceasta nu este încă consecința propriei lor uniuni active

mais c'est une conséquence de l'union de la bourgeoisie, d'atteindre ses propres fins politiques

dar este o consecință a unirii burgheziei, pentru a-și atinge propriile scopuri politice

la bourgeoisie est obligée de mettre en mouvement tout le prolétariat

burghezia este obligată să pună în mișcare întregul proletariat

et d'ailleurs, pour un temps, la bourgeoisie est capable de le faire

și, mai mult, pentru o vreme, burghezia este capabilă să facă acest lucru

À ce stade, les prolétaires ne combattent donc pas leurs ennemis

Prin urmare, în acest stadiu, proletarii nu se luptă cu dușmanii lor

mais au lieu de cela, ils combattent les ennemis de leurs ennemis

dar în schimb se luptă cu dușmanii dușmanilor lor

La lutte contre les vestiges de la monarchie absolue et les propriétaires terriens

lupta cu rămășițele monarhiei absolute și cu proprietarii de pământ

ils combattent la bourgeoisie non industrielle ; la petite bourgeoisie

luptă împotriva burgheziei non-industriale; mica burghezie

Ainsi tout le mouvement historique est concentré entre les mains de la bourgeoisie

Astfel, întreaga mișcare istorică este concentrată în mâinile burgheziei

chaque victoire ainsi obtenue est une victoire pour la bourgeoisie

fiecare victorie astfel obținută este o victorie pentru burghezie

Mais avec le développement de l'industrie, le prolétariat ne se contente pas d'augmenter en nombre

Dar odată cu dezvoltarea industriei, proletariatul nu numai că crește în număr

le prolétariat se concentre en masses plus grandes et sa force s'accroît

proletariatul se concentrează în mase mai mari și puterea sa crește

et le prolétariat ressent de plus en plus cette force

iar proletariatul simte această putere din ce în ce mai mult

Les divers intérêts et conditions de vie dans les rangs du prolétariat sont de plus en plus égalisés

Diferitele interese și condiții de viață în rândurile proletariatului sunt din ce în ce mai egale

elles deviennent plus proportionnelles à mesure que les machines effacent toutes les distinctions de travail

ele devin din ce în ce mai proporționale pe măsură ce mașinile șterg toate distincțiile de muncă

et les machines réduisent presque partout les salaires au même bas niveau

iar utilajele aproape pretutindeni reduc salariile la același nivel scăzut

La concurrence croissante entre la bourgeoisie et les crises commerciales qui en résultent rendent les salaires des ouvriers de plus en plus fluctuants

Concurența crescândă între burghezie și crizele comerciale care au rezultat fac ca salariile muncitorilor să fie din ce în ce mai fluctuante

L'amélioration incessante des machines, qui se développe de plus en plus rapidement, rend leurs moyens d'existence de plus en plus précaires

Perfecționarea neîncetată a mașinilor, care se dezvoltă din ce în ce mai rapid, face ca mijloacele lor de trai să fie din ce în ce mai precare

les collisions entre les ouvriers individuels et la bourgeoisie individuelle prennent de plus en plus le caractère de collisions entre deux classes

ciocnirile dintre muncitorii individuali și burghezia individuală caprind din ce în ce mai mult caracterul de ciocnire între două clase

Là-dessus, les ouvriers commencent à former des associations (syndicats) contre la bourgeoisie

Atunci muncitorii încep să formeze combinații (sindicate) împotriva burgheziei

Ils s'associent pour maintenir le taux des salaires

Ei se unesc pentru a menține rata salariilor

Ils fondèrent des associations permanentes afin de pourvoir à l'avance à ces révoltes occasionnelles

au găsit asociații permanente pentru a lua măsuri prealabile pentru aceste revolte ocazionale

Ici et là, la lutte éclate en émeutes

Ici și colo concursul izbucnește în revolte

De temps en temps, les ouvriers sont victorieux, mais seulement pour un temps

Din când în când, muncitorii sunt victorioși, dar numai pentru o vreme

Le vrai fruit de leurs luttes n'est pas dans le résultat immédiat, mais dans l'union toujours plus grande des travailleurs

Adevăratul rod al bătăliilor lor nu constă în rezultatul imediat, ci în uniunea în continuă expansiune a muncitorilor

Cette union est favorisée par les moyens de communication améliorés créés par l'industrie moderne

Această uniune este ajutată de mijloacele de comunicare îmbunătățite create de industria modernă

La communication moderne met en contact les travailleurs de différentes localités les uns avec les autres

Comunicarea modernă pune în contact lucrătorii din diferite localități

C'était précisément ce contact qui était nécessaire pour centraliser les nombreuses luttes locales en une lutte nationale entre les classes

Tocmai acest contact a fost necesar pentru a centraliza numeroasele lupte locale într-o singură luptă națională între clase

Toutes ces luttes sont du même caractère, et toute lutte de classe est une lutte politique

Toate aceste lupte sunt de același caracter și fiecare luptă de clasă este o luptă politică

les bourgeois du moyen âge, avec leurs misérables routes, mettaient des siècles à former leurs syndicats

burghezii din Evul Mediu, cu autostrăzile lor mizerabile, au avut nevoie de secole pentru a-și forma uniunile

Les prolétaires modernes, grâce aux chemins de fer, réalisent leurs syndicats en quelques années

proletarii moderni, datorită căilor ferate, își realizează uniunile în câțiva ani

Cette organisation des prolétaires en classe les a donc formés en parti politique

Această organizare a proletarilor într-o clasă i-a transformat, în consecință, într-un partid politic

La classe politique est continuellement bouleversée par la concurrence entre les travailleurs eux-mêmes

clasa politică este din nou supărată de competiția dintre muncitori înșiși

Mais la classe politique continue de se soulever, plus forte, plus ferme, plus puissante

Dar clasa politică continuă să se ridice din nou, mai puternică, mai fermă, mai puternică

Elle oblige la législation à reconnaître les intérêts particuliers des travailleurs

Aceasta impune recunoașterea legislativă a intereselor specifice ale lucrătorilor

il le fait en profitant des divisions au sein de la bourgeoisie elle-même

face acest lucru profitând de diviziunile din cadrul burgheziei
însăși

C'est ainsi qu'en Angleterre fut promulguée la loi sur les dix heures

Astfel, proiectul de lege de zece ore din Anglia a fost pus în lege

à bien des égards, les collisions entre les classes de l'ancienne société sont en outre le cours du développement du prolétariat

în multe privințe, ciocnirea dintre clasele vechii societăți este și mai departe cursul dezvoltării proletariatului

La bourgeoisie se trouve engagée dans une bataille de tous les instants

Burghezia se află implicată într-o luptă constantă

Dans un premier temps, il se trouvera impliqué dans une bataille constante avec l'aristocratie

La început se va trezi implicat într-o luptă constantă cu aristocrația

plus tard, elle se trouvera engagée dans une lutte constante avec ces parties de la bourgeoisie elle-même

mai târziu se va trezi implicat într-o luptă constantă cu acele părți ale burgheziei însăși

et leurs intérêts seront devenus antagonistes au progrès de l'industrie

iar interesele lor vor fi devenit antagoniste progresului industriei

à tout moment, leurs intérêts seront devenus antagonistes avec la bourgeoisie des pays étrangers

în orice moment, interesele lor vor fi devenit antagoniste cu burghezia țărilor străine

Dans toutes ces batailles, elle se voit obligée de faire appel au prolétariat et lui demande son aide

În toate aceste bătălii se vede obligat să facă apel la proletariat și îi cere ajutorul

Et ainsi, il se sentira obligé de l'entraîner dans l'arène politique

și astfel, se va simți obligat să-l tragă în arena politică

C'est pourquoi la bourgeoisie elle-même fournit au prolétariat ses propres instruments d'éducation politique et générale

Prin urmare, burghezia însăși furnizează proletariatului propriile instrumente de educație politică și generală

c'est-à-dire qu'il fournit au prolétariat des armes pour combattre la bourgeoisie

cu alte cuvinte, ea furnizează proletariatului arme pentru a lupta împotriva burgheziei

De plus, comme nous l'avons déjà vu, des sections entières des classes dominantes sont précipitées dans le prolétariat

Mai mult, după cum am văzut deja, secțiuni întregi ale claselor conducătoare sunt precipitate în proletariat

le progrès de l'industrie les aspire dans le prolétariat

avansul industriei îi absoarbe în proletariat

ou, du moins, ils sont menacés dans leurs conditions d'existence

sau, cel puțin, sunt amenințate în condițiile lor de existență

Ceux-ci fournissent également au prolétariat de nouveaux éléments d'illumination et de progrès

Acestea furnizează, de asemenea, proletariatului elemente noi de iluminare și progres

Enfin, à l'approche de l'heure décisive de la lutte des classes

În sfârșit, în vremuri în care lupta de clasă se apropie de ora decisivă

le processus de dissolution en cours au sein de la classe dirigeante

procesul de dizolvare care se desfășoară în cadrul clasei conducătoare

En fait, la dissolution en cours au sein de la classe dirigeante se fera sentir dans toute la société

de fapt, dizolvarea care are loc în cadrul clasei conducătoare va fi resimțită în întreaga gamă a societății

Il prendra un caractère si violent et si flagrant qu'une petite partie de la classe dirigeante se laissera aller à la dérive

va căpăta un caracter atât de violent și de evident, încât o mică parte a clasei conducătoare se lasă în derivă

et que la classe dirigeante rejoindra la classe révolutionnaire

și că clasa conducătoare se va alătura clasei revoluționare

La classe révolutionnaire étant la classe qui tient l'avenir entre ses mains

clasa revoluționară fiind clasa care deține viitorul în mâinile sale

Comme à une époque antérieure, une partie de la noblesse passa dans la bourgeoisie

La fel ca într-o perioadă anterioară, o parte a nobilimii a trecut la burghezie

de la même manière qu'une partie de la bourgeoisie passera au prolétariat

în același mod în care o parte a burgheziei va trece la proletariat

en particulier, une partie de la bourgeoisie passera à une partie des idéologues de la bourgeoisie

în special, o parte din burghezie va trece la o parte din ideologii burgheziei

Des idéologues bourgeois qui se sont élevés au niveau de la compréhension théorique du mouvement historique dans son ensemble

Ideologii burghezi care s-au ridicat la nivelul înțelegerii teoretice a mișcării istorice în ansamblu

De toutes les classes qui se trouvent aujourd'hui en face de la bourgeoisie, seule le prolétariat est une classe vraiment révolutionnaire

Dintre toate clasele care se află astăzi față în față cu burghezia, numai proletariatul este o clasă cu adevărat revoluționară

Les autres classes se dégradent et finissent par disparaître devant l'industrie moderne

Celelalte clase se descompun și dispar în cele din urmă în fața industriei moderne

le prolétariat est son produit spécial et essentiel

Proletariatul este produsul său special și esențial

La petite bourgeoisie, le petit industriel, le commerçant, l'artisan, le paysan

Clasa de mijloc inferioară, micul fabricant, negustorul, meșteșugarul, țăranul

toutes ces luttes contre la bourgeoisie

toate acestea luptă împotriva burgheziei

Ils se battent en tant que fractions de la classe moyenne pour se sauver de l'extinction

ei luptă ca fracțiuni ale clasei de mijloc pentru a se salva de la dispariție

Ils ne sont donc pas révolutionnaires, mais conservateurs

Prin urmare, ei nu sunt revoluționari, ci conservatori

Bien plus, ils sont réactionnaires, car ils essaient de faire reculer la roue de l'histoire

Ba mai mult, ei sunt reacționari, pentru că încearcă să dea înapoi roata istoriei

Si par hasard ils sont révolutionnaires, ils ne le sont qu'en vue de leur transfert imminent dans le prolétariat

Dacă din întâmplare sunt revoluționari, sunt revoluționari numai în vederea transferului lor iminent în proletariat

Ils défendent ainsi non pas leurs intérêts présents, mais leurs intérêts futurs

Astfel, ei își apără nu interesele prezente, ci viitoare

ils désertent leur propre point de vue pour se placer à celui du prolétariat

ei își părăsesc propriul punct de vedere pentru a se plasa la cel al proletariatului

La « classe dangereuse », la racaille sociale, cette masse en décomposition passive rejetée par les couches les plus basses de la vieille société

"Clasa periculoasă", gunoiul social, acea masă putrezită pasiv aruncată de straturile de jos ale vechii societăți

Ils peuvent, ici et là, être entraînés dans le mouvement par une révolution prolétarienne

ei pot, ici și colo, să fie atrași în mișcare de o revoluție proletară

Ses conditions de vie, cependant, le préparent beaucoup plus au rôle d'instrument soudoyé de l'intrigue réactionnaire

Condițiile sale de viață, totuși, îl pregătesc mult mai mult pentru rolul unui instrument mituit al intrigilor reacționare

Dans les conditions du prolétariat, ceux de l'ancienne société dans son ensemble sont déjà virtuellement submergés

În condițiile proletariatului, cele ale vechii societăți în general sunt deja practic copleșite

Le prolétaire est sans propriété

Proletarul este fără proprietate

ses rapports avec sa femme et ses enfants n'ont plus rien de commun avec les relations familiales de la bourgeoisie

relația sa cu soția și copiii săi nu mai are nimic în comun cu relațiile de familie ale burgheziei

le travail industriel moderne, la sujétion moderne au capital, la même en Angleterre qu'en France, en Amérique comme en Allemagne

munca industrială modernă, supunerea modernă față de capital, la fel în Anglia ca și în Franța, în America ca și în Germania

Sa condition dans la société l'a dépouillé de toute trace de caractère national

Condiția sa în societate l-a dezbrăcat de orice urmă de caracter național

La loi, la morale, la religion, sont pour lui autant de préjugés bourgeois

Legea, moralitatea, religia sunt pentru el atâtea prejudecăți burgheze

et derrière ces préjugés se cachent en embuscade autant d'intérêts bourgeois

și în spatele acestor prejudecăți se ascund în ambuscadă la fel de multe interese burgheze

Toutes les classes précédentes, qui ont pris le dessus, ont cherché à fortifier leur statut déjà acquis

Toate clasele anterioare care au obținut avantajul au căutat să-și întărească statutul deja dobândit

Ils l'ont fait en soumettant la société dans son ensemble à leurs conditions d'appropriation

au făcut acest lucru supunând societatea în general condițiilor lor de însușire

Les prolétaires ne peuvent pas devenir maîtres des forces productives de la société

Proletarii nu pot deveni stăpâni ai forțelor de producție ale societății

elle ne peut le faire qu'en abolissant son propre mode d'appropriation antérieur

poate face acest lucru doar prin abolirea propriului mod anterior de însușire

et par là même elle abolit tout autre mode d'appropriation antérieur

și, prin urmare, desființează și orice alt mod anterior de însușire

Ils n'ont rien à eux pour s'assurer et se fortifier

Ei nu au nimic propriu de asigurat și de întărit

Leur mission est de détruire toutes les sûretés antérieures et les assurances de biens individuels

misiunea lor este de a distruge toate titlurile de valoare anterioare și asigurările proprietății individuale

Tous les mouvements historiques antérieurs étaient des mouvements de minorités

Toate mișcările istorice anterioare au fost mișcări ale minorităților

ou bien il s'agissait de mouvements dans l'intérêt des minorités

sau erau mișcări în interesul minorităților

Le mouvement prolétarien est le mouvement conscient et indépendant de l'immense majorité

Mișcarea proletară este mișcarea independentă și conștientă de sine a imensei majorități

Et c'est un mouvement dans l'intérêt de l'immense majorité

și este o mișcare în interesul imensei majorități

Le prolétariat, couche la plus basse de notre société actuelle

Proletariatul, stratul cel mai de jos al societății noastre actuale

elle ne peut ni s'agiter ni s'élever sans que toutes les couches supérieures de la société officielle ne soient soulevées en l'air

nu se poate mișca sau ridica fără ca toate păturile superioare ale societății oficiale să fie ridicate în aer

Loin d'être dans le fond, mais dans la forme, la lutte du prolétariat contre la bourgeoisie est d'abord une lutte nationale

Deși nu în substanță, dar în formă, lupta proletariatului cu burghezia este la început o luptă națională

Le prolétariat de chaque pays doit, bien entendu, régler d'abord ses affaires avec sa propre bourgeoisie

Proletariatul fiecărei țări trebuie, desigur, să rezolve mai întâi de toate problemele cu propria sa burghezie

En décrivant les phases les plus générales du développement du prolétariat, nous avons retracé la guerre civile plus ou moins voilée

Descriind cele mai generale faze ale dezvoltării proletariatului, am urmărit războiul civil mai mult sau mai puțin voalat

Ce civil fait rage au sein de la société existante

Acest civil face ravagii în societatea existentă

Elle fera rage jusqu'au point où cette guerre éclatera en révolution ouverte

se va dezlănțui până la punctul în care războiul va izbucni într-o revoluție deschisă

et alors le renversement violent de la bourgeoisie jette les bases de l'emprise du prolétariat

și apoi răsturnarea violentă a burgheziei pune bazele dominației proletariatului

Jusqu'à présent, toute forme de société a été fondée, comme nous l'avons déjà vu, sur l'antagonisme des classes oppressives et opprimées

Până acum, fiecare formă de societate s-a bazat, așa cum am văzut deja, pe antagonismul claselor opresive și oprimate

Mais pour opprimer une classe, il faut lui assurer certaines conditions

Dar pentru a asupri o clasă, trebuie asigurate anumite condiții

La classe doit être maintenue dans des conditions dans lesquelles elle peut, au moins, continuer son existence servile

clasa trebuie păstrată în condiții în care să poată, cel puțin, să-și continue existența sclavă

Le serf, à l'époque du servage, s'élevait lui-même au rang d'adhérent à la commune

Iobagul, în perioada iobăgiei, s-a ridicat ca membru al comunei

de même que la petite bourgeoisie, sous le joug de l'absolutisme féodal, a réussi à se développer en bourgeoisie

la fel cum mica burghezie, sub jugul absolutismului feudal, a reușit să se dezvolte într-o burghezie

L'ouvrier moderne, au contraire, au lieu de s'élever avec les progrès de l'industrie, s'enfonce de plus en plus profondément

Muncitorul modern, dimpotrivă, în loc să se ridice odată cu progresul industriei, se scufundă din ce în ce mai adânc

il s'enfonce au-dessous des conditions d'existence de sa propre classe

el se scufundă sub condițiile de existență ale propriei sale clase

Il devient pauvre, et le paupérisme se développe plus rapidement que la population et la richesse

El devine un sărac, iar sărăcia se dezvoltă mai repede decât populația și bogăția

Et c'est là qu'il devient évident que la bourgeoisie n'est plus apte à être la classe dominante dans la société

Și aici devine evident că burghezia nu mai este potrivită pentru a fi clasa conducătoare în societate

et elle n'est pas digne d'imposer ses conditions d'existence à la société comme une loi prépondérante

şi nu este potrivit să-şi impună condiţiile de existenţă asupra societăţii ca o lege dominantă

Il est inapte à gouverner parce qu'il est incompétent pour assurer une existence à son esclave dans son esclavage

Este nepotrivit să conducă pentru că este incompetent să-i asigure o existenţă sclavului său în sclavia sa

parce qu'il ne peut s'empêcher de le laisser sombrer dans un tel état, qu'il doit le nourrir, au lieu d'être nourri par lui

pentru că nu se poate abţine să-l lase să se scufunde într-o astfel de stare, încât trebuie să-l hrănească, în loc să fie hrănit de el

La société ne peut plus vivre sous cette bourgeoisie

Societatea nu mai poate trăi sub această burghezie

En d'autres termes, son existence n'est plus compatible avec la société

cu alte cuvinte, existenţa sa nu mai este compatibilă cu societatea

La condition essentielle de l'existence et de l'influence de la classe bourgeoise est la formation et l'accroissement du capital

Condiţia esenţială pentru existenţa şi pentru dominaţia clasei burgheze este formarea şi creşterea capitalului

La condition du capital, c'est le salariat-travail

Condiţia capitalului este munca salariată

Le travail salarié repose exclusivement sur la concurrence entre les travailleurs

Munca salariată se bazează exclusiv pe concurenţa dintre muncitori

Le progrès de l'industrie, dont le promoteur involontaire est la bourgeoisie, remplace l'isolement des ouvriers

Înaintarea industriei, al cărei promotor involuntar este burghezia, înlocuieşte izolarea muncitorilor

en raison de la concurrence, en raison de leur combinaison révolutionnaire, en raison de l'association

datorită concurenţei, datorită combinaţiei lor revoluţionare, datorită asocierii

Le développement de l'industrie moderne lui coupe sous les pieds les fondements mêmes sur lesquels la bourgeoisie produit et s'approprie les produits

Dezvoltarea industriei moderne taie de sub picioarele sale însăși fundația pe care burghezia produce și își însușește produsele

Ce que la bourgeoisie produit avant tout, ce sont ses propres fossoyeurs

Ceea ce produce burghezia, mai presus de toate, sunt proprii săi gropari

La chute de la bourgeoisie et la victoire du prolétariat sont également inévitables

Căderea burgheziei și victoria proletariatului sunt la fel de inevitabile

Prolétaires et communistes
Proletari și comuniști

Quel est le rapport des communistes vis-à-vis de l'ensemble des prolétaires ?
În ce relație se află comuniștii cu proletarii în ansamblu?

Les communistes ne forment pas un parti séparé opposé aux autres partis de la classe ouvrière
Comuniștii nu formează un partid separat opus altor partide muncitoare

Ils n'ont pas d'intérêts séparés de ceux du prolétariat dans son ensemble
Ei nu au interese separate de cele ale proletariatului în ansamblu

Ils n'établissent pas de principes sectaires qui leur soient propres pour façonner et modeler le mouvement prolétarien
Ei nu stabilesc nici un principiu sectar propriu, prin care să modeleze și să modeleze mișcarea proletară

Les communistes ne se distinguent des autres partis ouvriers que par deux choses
Comuniștii se disting de celelalte partide muncitoare doar prin două lucruri

Premièrement, ils signalent et mettent en avant les intérêts communs de l'ensemble du prolétariat, indépendamment de toute nationalité
În primul rând, ele subliniază și aduc în prim-plan interesele comune ale întregului proletariat, independent de orice naționalitate

C'est ce qu'ils font dans les luttes nationales des prolétaires des différents pays
Acest lucru îl fac în luptele naționale ale proletarilor din diferite țări

Deuxièmement, ils représentent toujours et partout les intérêts du mouvement dans son ensemble
În al doilea rând, ele reprezintă întotdeauna și pretutindeni interesele mișcării în ansamblu

c'est ce qu'ils font dans les différents stades de développement par lesquels doit passer la lutte de la classe ouvrière contre la bourgeoisie

acest lucru îl fac în diferitele stadii de dezvoltare, prin care trebuie să treacă lupta clasei muncitoare împotriva burgheziei

Les communistes sont donc, d'une part, pratiquement, la section la plus avancée et la plus résolue des partis ouvriers de tous les pays

Prin urmare, comuniștii sunt, pe de o parte, practic, cea mai avansată și hotărâtă secțiune a partidelor muncitoare din fiecare țară

Ils sont cette section de la classe ouvrière qui pousse en avant toutes les autres

ei sunt acea secțiune a clasei muncitoare care îi împinge înainte pe toți ceilalți

Théoriquement, ils ont aussi l'avantage de bien comprendre la ligne de marche

Teoretic, au și avantajul de a înțelege clar linia de marș

C'est ce qu'ils comprennent mieux par rapport à la grande masse du prolétariat

Acest lucru îl înțeleg mai bine în comparație cu marea masă a proletariatului

Ils comprennent les conditions et les résultats généraux ultimes du mouvement prolétarien

ei înțeleg condițiile și rezultatele generale finale ale mișcării proletare

Le but immédiat du Parti communiste est le même que celui de tous les autres partis prolétariens

Scopul imediat al comunismului este același cu cel al tuturor celorlalte partide proletare

Leur but est la formation du prolétariat en classe

scopul lor este formarea proletariatului într-o clasă

ils visent à renverser la suprématie de la bourgeoisie

ei urmăresc să răstoarne supremația burgheziei

la conquête du pouvoir politique par le prolétariat

lupta pentru cucerirea puterii politice de către proletariat

Les conclusions théoriques des communistes ne sont nullement basées sur des idées ou des principes de réformateurs

Concluziile teoretice ale comuniștilor nu se bazează în niciun fel pe idei sau principii ale reformatorilor

ce ne sont pas des prétendus réformateurs universels qui ont inventé ou découvert les conclusions théoriques des communistes

nu au fost potențialii reformatori universali care au inventat sau au descoperit concluziile teoretice ale comuniștilor

Ils ne font qu'exprimer, en termes généraux, des rapports réels qui naissent d'une lutte de classe existante

Ele doar exprimă, în termeni generali, relații reale care izvorăsc dintr-o luptă de clasă existentă

Et ils décrivent le mouvement historique qui se déroule sous nos yeux et qui a créé cette lutte des classes

și descriu mișcarea istorică care se desfășoară sub ochii noștri și care a creat această luptă de clasă

L'abolition des rapports de propriété existants n'est pas du tout un trait distinctif du communisme

Abolirea relațiilor de proprietate existente nu este deloc o trăsătură distinctivă a comunismului

Dans le passé, toutes les relations de propriété ont été continuellement sujettes à des changements historiques

Toate relațiile de proprietate din trecut au fost supuse în mod continuu schimbărilor istorice

et ces changements ont été consécutifs au changement des conditions historiques

și aceste schimbări au fost consecințe ale schimbării condițiilor istorice

La Révolution française, par exemple, a aboli la propriété féodale au profit de la propriété bourgeoise

Revoluția Franceză, de exemplu, a abolit proprietatea feudală în favoarea proprietății burgheze

Le trait distinctif du communisme n'est pas l'abolition de la propriété, en général

Trăsătura distinctivă a comunismului nu este abolirea
proprietății, în general
**mais le trait distinctif du communisme, c'est l'abolition de la
propriété bourgeoise**
dar trăsătura distinctivă a comunismului este abolirea
proprietății burgheze
**Mais la propriété privée de la bourgeoisie moderne est
l'expression ultime et la plus complète du système de
production et d'appropriation des produits**
Dar proprietatea privată a burgheziei moderne este expresia
finală și cea mai completă a sistemului de producție și însușire
a produselor
**C'est l'état final d'un système basé sur les antagonismes de
classe, où l'antagonisme de classe est l'exploitation du plus
grand nombre par quelques-uns**
Este starea finală a unui sistem care se bazează pe
antagonisme de clasă, în care antagonismul de clasă este
exploatarea celor mulți de către puțini
**En ce sens, la théorie des communistes peut se résumer en
une seule phrase ; l'abolition de la propriété privée**
În acest sens, teoria comuniștilor poate fi rezumată într-o
singură propoziție; abolirea proprietății private
**On nous a reproché, à nous communistes, de vouloir abolir
le droit d'acquérir personnellement des biens**
Nouă, comuniștilor, ni s-a reproșat dorința de a aboli dreptul
de a dobândi personal proprietatea
**On prétend que cette propriété est le fruit du travail de
l'homme**
Se pretinde că această proprietate este rodul muncii unui om
**et cette propriété est censée être le fondement de toute
liberté, de toute activité et de toute indépendance
individuelles.**
și se presupune că această proprietate este baza oricărei
libertăți, activități și independențe personale.
« Propriété durement gagnée, auto-acquise, auto-gagnée ! »

"Proprietate câştigată cu greu, auto-dobândită, câştigată de sine!"

Voulez-vous dire la propriété du petit artisan et du petit paysan ?

Te referi la proprietatea micului meşteşugar şi a micului ţăran?

Voulez-vous parler d'une forme de propriété qui a précédé la forme bourgeoise ?

Vrei să spui o formă de proprietate care a precedat forma burgheziei?

Il n'est pas nécessaire de l'abolir, le développement de l'industrie l'a déjà détruit dans une large mesure

Nu este nevoie să abolim acest lucru, dezvoltarea industriei a distrus-o deja în mare măsură

et le développement de l'industrie continue de la détruire chaque jour

iar dezvoltarea industriei încă o distruge zilnic

Ou voulez-vous parler de la propriété privée de la bourgeoisie moderne ?

Sau vă referiţi la proprietatea privată a burgheziei moderne?

Mais le travail salarié crée-t-il une propriété pour l'ouvrier ?

Dar munca salariată creează vreo proprietate pentru muncitor?

Non, le travail salarié ne crée pas une parcelle de ce genre de propriété !

Nu, munca salariată nu creează nici măcar o bucată din acest tip de proprietate!

Ce que le travail salarié crée, c'est du capital ; ce genre de propriété qui exploite le travail salarié

ceea ce creează munca salariată este capitalul; acel tip de proprietate care exploatează munca salariată

Le capital ne peut s'accroître qu'à la condition d'engendrer une nouvelle offre de travail salarié pour une nouvelle exploitation

capitalul nu poate creşte decât cu condiţia generării unei noi oferte de muncă salariată pentru o nouă exploatare

La propriété, dans sa forme actuelle, est fondée sur l'antagonisme du capital et du salariat

Proprietatea, în forma sa actuală, se bazează pe antagonismul dintre capital și munca salariată

Examinons les deux côtés de cet antagonisme

Să examinăm ambele părți ale acestui antagonism

Être capitaliste, ce n'est pas seulement avoir un statut purement personnel

A fi capitalist înseamnă a avea nu numai un statut pur personal

Au contraire, être capitaliste, c'est aussi avoir un statut social dans la production

în schimb, a fi capitalist înseamnă și a avea un statut social în producție

parce que le capital est un produit collectif ; Ce n'est que par l'action unie de nombreux membres qu'elle peut être mise en branle

pentru că capitalul este un produs colectiv; Numai prin acțiunea unită a multor membri poate fi pusă în mișcare

Mais cette action unie n'est qu'un dernier recours, et nécessite en fait tous les membres de la société

Dar această acțiune unită este o ultimă soluție și necesită de fapt toți membrii societății

Le capital est converti en propriété de tous les membres de la société

Capitalul este transformat în proprietatea tuturor membrilor societății

mais le Capital n'est donc pas une puissance personnelle ; c'est un pouvoir social

dar capitalul nu este, prin urmare, o putere personală; este o putere socială

Ainsi, lorsque le capital est converti en propriété sociale, la propriété personnelle n'est pas pour autant transformée en propriété sociale

Astfel, atunci când capitalul este transformat în proprietate socială, proprietatea personală nu este transformată în proprietate socială

Ce n'est que le caractère social de la propriété qui est modifié et qui perd son caractère de classe

Numai caracterul social al proprietății este schimbat și își pierde caracterul de clasă

Regardons maintenant le travail salarié

Să ne uităm acum la munca salariată

Le prix moyen du salariat est le salaire minimum, c'est-à-dire le quantum des moyens de subsistance

Prețul mediu al muncii salariate este salariul minim, adică cuantumul mijloacelor de subzistență

Ce salaire est absolument nécessaire dans la simple existence d'un ouvrier

Acest salariu este absolut necesar în existența simplă ca muncitor

Ce que le salarié s'approprie par son travail ne suffit donc qu'à prolonger et à reproduire une existence nue

Prin urmare, ceea ce muncitorul salariat își însușește prin munca sa, este suficient doar pentru a prelungi și a reproduce o existență goală

Nous n'avons nullement l'intention d'abolir cette appropriation personnelle des produits du travail

Nu intenționăm în niciun caz să abolim această însușire personală a produselor muncii

une appropriation qui est faite pour le maintien et la reproduction de la vie humaine

o însușire care este făcută pentru menținerea și reproducerea vieții umane

Une telle appropriation personnelle des produits du travail ne laisse pas de surplus pour commander le travail d'autrui

O astfel de însușire personală a produselor muncii nu lasă surplus cu care să comande munca altora

Tout ce que nous voulons supprimer, c'est le caractère misérable de cette appropriation

Tot ceea ce vrem să eliminăm este caracterul mizerabil al acestei însușiri

l'appropriation dont vit l'ouvrier dans le seul but d'augmenter son capital

însușirea sub care muncitorul trăiește doar pentru a crește capitalul

Il n'est autorisé à vivre que dans la mesure où l'intérêt de la classe dominante l'exige

i se permite să trăiască numai în măsura în care interesul clasei conducătoare o cere

Dans la société bourgeoise, le travail vivant n'est qu'un moyen d'augmenter le travail accumulé

În societatea burgheză, munca vie nu este decât un mijloc de a crește forța de muncă acumulată

Dans la société communiste, le travail accumulé n'est qu'un moyen d'élargir, d'enrichir, de promouvoir l'existence de l'ouvrier

În societatea comunistă, munca acumulată nu este decât un mijloc de lărgire, de îmbogățire, de promovare a existenței muncitorului

C'est pourquoi, dans la société bourgeoise, le passé domine le présent

Prin urmare, în societatea burgheză, trecutul domină prezentul

dans la société communiste, le présent domine le passé

în societatea comunistă, prezentul domină trecutul

Dans la société bourgeoise, le capital est indépendant et a une individualité

În societatea burgheză capitalul este independent și are individualitate

Dans la société bourgeoise, la personne vivante est dépendante et n'a pas d'individualité

În societatea burgheză persoana vie este dependentă și nu are individualitate

Et l'abolition de cet état de choses est appelée par la bourgeoisie l'abolition de l'individualité et de la liberté !

Iar abolirea acestei stări de lucruri este numită de burghezie abolirea individualității și a libertății!

Et c'est à juste titre qu'on l'appelle l'abolition de l'individualité et de la liberté !

Și se numește pe bună dreptate abolirea individualității și a libertății!

Le communisme vise à l'abolition de l'individualité bourgeoise

Comunismul urmărește abolirea individualității burgheziei

Le communisme veut l'abolition de l'indépendance de la bourgeoisie

Comunismul intenționează abolirea independenței burgheziei

La liberté de la bourgeoisie est sans aucun doute ce que vise le communisme

Libertatea burgheziei este, fără îndoială, ceea ce urmărește comunismul

dans les conditions actuelles de production de la bourgeoisie, la liberté signifie le libre-échange, la liberté de vendre et d'acheter

în condițiile actuale de producție ale burgheziei, libertatea înseamnă comerț liber, vânzare și cumpărare liberă

Mais si la vente et l'achat disparaissent, la vente et l'achat gratuits disparaissent également

Dar dacă vânzarea și cumpărarea dispar, dispar și vânzarea și cumpărarea gratuită

Les « paroles courageuses » de la bourgeoisie sur la vente et l'achat libres n'ont qu'un sens limité

"cuvintele curajoase" ale burgheziei despre vânzarea și cumpărarea liberă au doar un sens limitat

Ces mots n'ont de sens que par opposition à la vente et à l'achat restreints

Aceste cuvinte au sens doar în contrast cu vânzarea și cumpărarea restricționată

et ces mots n'ont de sens que lorsqu'ils s'appliquent aux marchands enchaînés du moyen âge

și aceste cuvinte au sens numai atunci când sunt aplicate comercianților înlănțuiți din Evul Mediu

et cela suppose que ces mots aient même un sens dans un sens bourgeois

și asta presupune că aceste cuvinte au chiar sens într-un sens burghez

mais ces mots n'ont aucun sens lorsqu'ils sont utilisés pour s'opposer à l'abolition communiste de l'achat et de la vente

dar aceste cuvinte nu au nici un sens atunci când sunt folosite pentru a se opune abolirii comuniste a cumpărării și vânzării

les mots n'ont pas de sens lorsqu'ils sont utilisés pour s'opposer à l'abolition des conditions de production de la bourgeoisie

cuvintele nu au nici un sens atunci când sunt folosite pentru a se opune abolirii condițiilor de producție ale burgheziei

et ils n'ont aucun sens lorsqu'ils sont utilisés pour s'opposer à l'abolition de la bourgeoisie elle-même

și nu au nici un sens atunci când sunt folosite pentru a se opune desființării burgheziei însăși

Vous êtes horrifiés par notre intention d'en finir avec la propriété privée

Ești îngrozit de intenția noastră de a elimina proprietatea privată

Mais dans votre société actuelle, la propriété privée est déjà abolie pour les neuf dixièmes de la population

Dar în societatea voastră actuală, proprietatea privată este deja eliminată pentru nouă zecimi din populație

L'existence d'une propriété privée pour quelques-uns est uniquement due à sa non-existence entre les mains des neuf dixièmes de la population

Existența proprietății private pentru cei puțini se datorează exclusiv inexistenței sale în mâinile a nouă zecimi din populație

Vous nous reprochez donc d'avoir l'intention de supprimer une forme de propriété

Prin urmare, ne reproșați că intenționăm să eliminăm o formă
de proprietate

**Mais la propriété privée nécessite l'inexistence de toute
propriété pour l'immense majorité de la société**

dar proprietatea privată necesită inexistența oricărei
proprietăți pentru imensa majoritate a societății

**En un mot, vous nous reprochez d'avoir l'intention de vous
débarrasser de vos biens**

Într-un cuvânt, ne reproșați intenția de a vă înlătura
proprietatea

**Et c'est précisément le cas ; se débarrasser de votre propriété
est exactement ce que nous avons l'intention de faire**

Și este exact așa; eliminarea proprietății dumneavoastră este
exact ceea ce intenționăm

**À partir du moment où le travail ne peut plus être converti
en capital, en argent ou en rente**

Din momentul în care munca nu mai poate fi convertită în
capital, bani sau rentă

**quand le travail ne peut plus être converti en un pouvoir
social monopolisé**

când munca nu va mai putea fi transformată într-o putere
socială care poate fi monopolizată

**à partir du moment où la propriété individuelle ne peut plus
être transformée en propriété bourgeoise**

din momentul în care proprietatea individuală nu mai poate fi
transformată în proprietate burgheză

**à partir du moment où la propriété individuelle ne peut plus
être transformée en capital**

din momentul în care proprietatea individuală nu mai poate fi
transformată în capital

**À partir de ce moment-là, vous dites que l'individualité
s'évanouit**

din acel moment, spui că individualitatea dispare

**Vous devez donc avouer que par « individu » vous
n'entendez personne d'autre que la bourgeoisie**

Prin urmare, trebuie să mărturisești că prin "individ" nu
înțelegi altă persoană decât burghezia

**Vous devez avouer qu'il s'agit spécifiquement du
propriétaire de la classe moyenne**

Trebuie să mărturisești că se referă în mod specific la
proprietarul proprietății din clasa de mijloc

**Cette personne doit, en effet, être balayée et rendue
impossible**

Această persoană trebuie, într-adevăr, să fie măturată din cale
și făcută imposibilă

**Le communisme ne prive personne du pouvoir de
s'approprier les produits de la société**

Comunismul nu privează pe nimeni de puterea de a-și însuși
produsele societății

**tout ce que fait le communisme, c'est de le priver du pouvoir
de subjuguer le travail d'autrui au moyen d'une telle
appropriation**

tot ceea ce face comunismul este să-l priveze de puterea de a
subjuga munca altora prin intermediul unei astfel de însușiri

**On a objecté qu'avec l'abolition de la propriété privée, tout
travail cesserait**

S-a obiectat că, odată cu abolirea proprietății private, toate
lucrările vor înceta

**et il est alors suggéré que la paresse universelle nous
rattrapera**

și apoi se sugerează că lenea universală ne va cuprinde

**D'après cela, il y a longtemps que la société bourgeoise
aurait dû aller aux chiens par pure oisiveté**

Conform acestui lucru, societatea burgheză ar fi trebuit să
meargă cu mult timp în urmă la câini prin pură lenevie

**parce que ceux de ses membres qui travaillent, n'acquièrent
rien**

pentru că aceia dintre membrii săi care muncesc, nu
dobândesc nimic

**et ceux de ses membres qui acquièrent quoi que ce soit, ne
travaillent pas**

iar aceia dintre membrii săi care dobândesc ceva, nu muncesc

L'ensemble de cette objection n'est qu'une autre expression de la tautologie

Întreaga obiecție nu este decât o altă expresie a tautologiei

Il ne peut plus y avoir de travail salarié quand il n'y a plus de capital

Nu mai poate exista muncă salariată când nu mai există capital

Il n'y a pas de différence entre les produits matériels et les produits mentaux

Nu există nicio diferență între produsele materiale și produsele mentale

Le communisme propose que les deux soient produits de la même manière

Comunismul propune ca ambele sa fie produse in acelasi mod

mais les objections contre les modes communistes de production sont les mêmes

dar obiecțiile împotriva modurilor comuniste de a le produce sunt aceleași

pour la bourgeoisie, la disparition de la propriété de classe est la disparition de la production elle-même

pentru burghezie, dispariția proprietății de clasă este dispariția producției însăși

Ainsi, la disparition de la culture de classe est pour lui identique à la disparition de toute culture

deci dispariția culturii de clasă este pentru el identică cu dispariția întregii culturi

Cette culture, dont il déplore la perte, n'est pour l'immense majorité qu'un simple entraînement à agir comme une machine

Această cultură, a cărei pierdere deplânge el, este pentru marea majoritate o simplă pregătire pentru a acționa ca o mașină

Les communistes ont bien l'intention d'abolir la culture de la propriété bourgeoise

Comuniștii intenționează foarte mult să abolească cultura proprietății burgheze

Mais ne vous querellez pas avec nous tant que vous appliquez les normes de vos notions bourgeoises de liberté, de culture, de droit, etc

Dar nu vă certați cu noi atâta timp cât aplicați standardul noțiunilor burgheze de libertate, cultură, lege etc

Vos idées mêmes ne sont que le résultat des conditions de votre production bourgeoise et de la propriété bourgeoise

Ideile tale nu sunt decât consecințele condițiilor producției burgheze și a proprietății burgheziei

de même que votre jurisprudence n'est que la volonté de votre classe érigée en loi pour tous

la fel cum jurisprudența voastră nu este decât voința clasei voastre transformată într-o lege pentru toți

Le caractère essentiel et l'orientation de cette volonté sont déterminés par les conditions économiques créées par votre classe sociale

caracterul esențial și direcția acestei voințe sunt determinate de condițiile economice create de clasa socială

L'idée fausse égoïste qui vous pousse à transformer les formes sociales en lois éternelles de la nature et de la raison

Concepția greșită egoistă care te determină să transformi formele sociale în legi eterne ale naturii și rațiunii

les formes sociales qui découlent de votre mode de production et de votre forme de propriété actuels

formele sociale care izvorăsc din modul vostru actual de producție și forma de proprietate

des rapports historiques qui naissent et disparaissent dans le progrès de la production

relații istorice care cresc și dispar în progresul producției

cette idée fausse que vous partagez avec toutes les classes dirigeantes qui vous ont précédés

Această concepție greșită o împărtășiți cu fiecare clasă conducătoare care v-a precedat

Ce que vous voyez clairement dans le cas de la propriété ancienne, ce que vous admettez dans le cas de la propriété féodale

Ceea ce vedeți clar în cazul proprietății antice, ceea ce admiteți în cazul proprietății feudale

ces choses, il vous est bien entendu interdit de les admettre dans le cas de votre propre forme de propriété bourgeoise

aceste lucruri sunteți, desigur, interzis să le admiteți în cazul propriei forme de proprietate burgheză

Abolition de la famille ! Même les plus radicaux s'enflamment devant cette infâme proposition des communistes

Abolirea familiei! Chiar și cei mai radicali se aprind la această propunere infamă a comuniștilor

Sur quelle base se fonde la famille actuelle, la famille bourgeoise ?

Pe ce temelie se bazează familia actuală, familia burgheziei?

La fondation de la famille actuelle est basée sur le capital et le gain privé

Fondarea familiei actuale se bazează pe capital și câștig privat

Sous sa forme complètement développée, cette famille n'existe que dans la bourgeoisie

În forma sa complet dezvoltată, această familie există doar în rândul burgheziei

Cet état de choses trouve son complément dans l'absence pratique de la famille chez les prolétaires

Această stare de lucruri își găsește completarea în absența practică a familiei în rândul proletarilor

Cet état de choses se retrouve dans la prostitution publique

Această stare de lucruri poate fi găsită în prostituția publică

La famille bourgeoise disparaîtra d'office quand son effectif disparaîtra

Familia burgheză va dispărea de la sine înțeles atunci când complementul său va dispărea

et l'une et l'autre s'évanouiront avec la disparition du capital

și ambele vor dispărea odată cu dispariția capitalului

Nous accusez-vous de vouloir mettre fin à l'exploitation des enfants par leurs parents ?

Ne acuzați că vrem să oprim exploatarea copiilor de către părinții lor?

Nous plaidons coupables de ce crime

Pentru această crimă pledăm vinovați

Mais, direz-vous, on détruit les relations les plus sacrées, quand on remplace l'éducation à domicile par l'éducation sociale

Dar, veți spune, distrugem cele mai sfinte relații, atunci când înlocuim educația de acasă cu educația socială

Votre éducation n'est-elle pas aussi sociale ? Et n'est-elle pas déterminée par les conditions sociales dans lesquelles vous éduquez ?

Educația ta nu este și socială? Și nu este determinată de condițiile sociale în care educați?

par l'intervention, directe ou indirecte, de la société, par le biais de l'école, etc.

prin intervenția, directă sau indirectă, a societății, prin intermediul școlilor etc.

Les communistes n'ont pas inventé l'intervention de la société dans l'éducation

Comuniștii nu au inventat intervenția societății în educație

ils ne cherchent qu'à modifier le caractère de cette intervention

ei nu fac decât să încerce să modifice caracterul acelei intervenții

et ils cherchent à sauver l'éducation de l'influence de la classe dirigeante

și caută să salveze educația de influența clasei conducătoare

La bourgeoisie parle de la relation sacrée du parent et de l'enfant

Burghezia vorbește despre co-relația sfințită dintre părinte și copil

mais ce baratin sur la famille et l'éducation devient d'autant plus répugnant quand on regarde l'industrie moderne

dar această capcană despre familie și educație devine cu atât
mai dezgustătoare când ne uităm la industria modernă

**Tous les liens familiaux entre les prolétaires sont déchirés
par l'industrie moderne**

Toate legăturile de familie dintre proletari sunt sfâșiate de
industria modernă

**Leurs enfants sont transformés en simples objets de
commerce et en instruments de travail**

copiii lor sunt transformați în simple articole de comerț și
instrumente de muncă

**Mais vous, communistes, vous créeriez une communauté de
femmes, crie en chœur toute la bourgeoisie**

Dar voi, comuniștii, ați crea o comunitate de femei, strigă în
cor întreaga burghezie

**La bourgeoisie ne voit en sa femme qu'un instrument de
production**

Burghezia vede în soția sa un simplu instrument de producție

**Il entend dire que les instruments de production doivent
être exploités par tous**

El aude că instrumentele de producție trebuie exploatate de
toți

**et, naturellement, il ne peut arriver à aucune autre
conclusion que celle d'être commun à tous retombera
également sur les femmes**

și, firește, nu poate ajunge la altă concluzie decât că soarta de a
fi comună tuturor va cădea și femeilor

**Il ne soupçonne même pas qu'il s'agit en fait d'en finir avec
le statut de la femme en tant que simple instrument de
production**

El nu are nici măcar o bănuială că adevăratul scop este
eliminarea statutului femeilor ca simple instrumente de
producție

**Du reste, rien n'est plus ridicule que l'indignation vertueuse
de notre bourgeoisie contre la communauté des femmes**

În rest, nimic nu este mai ridicol decât indignarea virtuoasă a
burgheziei noastre față de comunitatea femeilor

ils prétendent qu'elle doit être établie ouvertement et officiellement par les communistes

ei pretind că va fi înființat în mod deschis și oficial de comuniști

Les communistes n'ont pas besoin d'introduire la communauté des femmes, elle existe depuis des temps immémoriaux

Comuniștii nu au nevoie să introducă comunitatea femeilor, aceasta există aproape din timpuri imemoriale

Notre bourgeoisie ne se contente pas d'avoir à sa disposition les femmes et les filles de ses prolétaires

Burghezia noastră nu se mulțumește să aibă la dispoziție soțiile și fiicele proletarilor lor

Ils prennent le plus grand plaisir à séduire les femmes de l'autre

Ei au cea mai mare plăcere în a-și seduce soțiile unul altuia

Et cela ne parle même pas des prostituées ordinaires

și asta ca să nu mai vorbim de prostituatele obișnuite

Le mariage bourgeois est en réalité un système d'épouses en commun

Căsătoria burgheză este în realitate un sistem de soții în comun

puis il y a une chose qu'on pourrait peut-être reprocher aux communistes

atunci există un lucru cu care comuniștilor li s-ar putea reproșa

Ils souhaitent introduire une communauté de femmes ouvertement légalisée

doresc să introducă o comunitate de femei legalizată în mod deschis

plutôt qu'une communauté de femmes hypocritement dissimulée

mai degrabă decât o comunitate de femei ascunsă ipocrit

la communauté des femmes issues du système de production

comunitatea femeilor izvorâte din sistemul de producție

Abolissez le système de production, et vous abolissez la communauté des femmes

desființează sistemul de producție și desființezi comunitatea femeilor

La prostitution publique est abolie et la prostitution privée

atât prostituția publică este abolită, cât și prostituția privată

On reproche en outre aux communistes de vouloir abolir les pays et les nationalités

Comuniștilor li se reproșează și mai mult dorința de a desființa țările și naționalitățile

Les travailleurs n'ont pas de patrie, nous ne pouvons donc pas leur prendre ce qu'ils n'ont pas

Muncitorii nu au țară, așa că nu putem lua de la ei ceea ce nu au

Le prolétariat doit d'abord acquérir la suprématie politique

proletariatul trebuie mai întâi de toate să dobândească supremația politică

Le prolétariat doit s'élever pour être la classe dirigeante de la nation

proletariatul trebuie să se ridice pentru a fi clasa conducătoare a națiunii

Le prolétariat doit se constituer en nation

proletariatul trebuie să se constituie el însuși națiunea

elle est, jusqu'à présent, elle-même nationale, mais pas dans le sens bourgeois du mot

este, până acum, ea însăși națională, deși nu în sensul burghez al cuvântului

Les différences nationales et les antagonismes entre les peuples s'estompent chaque jour davantage

Diferențele naționale și antagonismele dintre popoare dispar din ce în ce mai mult

grâce au développement de la bourgeoisie, à la liberté du commerce, au marché mondial

datorită dezvoltării burgheziei, libertății comerțului, pieței mondiale

à l'uniformité du mode de production et des conditions de vie qui y correspondent

la uniformitatea modului de producție și a condițiilor de viață corespunzătoare acestuia

La suprématie du prolétariat les fera disparaître encore plus vite

Supremația proletariatului îi va face să dispară și mai repede

L'action unie, du moins dans les principaux pays civilisés, est une des premières conditions de l'émancipation du prolétariat

Acțiunea unită, cel puțin a țărilor civilizate conducătoare, este una dintre primele condiții pentru emanciparea proletariatului

Dans la mesure où l'exploitation d'un individu par un autre prendra fin, l'exploitation d'une nation par une autre prendra également fin à

În măsura în care se pune capăt exploatării unui individ de către altul, exploatarea unei națiuni de către o altă națiune va înceta, de asemenea,

À mesure que l'antagonisme entre les classes à l'intérieur de la nation disparaîtra, l'hostilité d'une nation envers une autre prendra fin

În măsura în care antagonismul dintre clasele din cadrul națiunii dispare, ostilitatea unei națiuni față de alta va lua sfârșit

Les accusations portées contre le communisme d'un point de vue religieux, philosophique et, en général, idéologique, ne méritent pas d'être examinées sérieusement

Acuzațiile împotriva comunismului făcute dintr-un punct de vedere religios, filozofic și, în general, ideologic, nu merită o examinare serioasă

Faut-il une intuition profonde pour comprendre que les idées, les vues et les conceptions de l'homme changent à chaque changement dans les conditions de son existence matérielle ?

Este nevoie de o intuiție profundă pentru a înțelege că ideile, vederile și concepțiile omului se schimbă cu fiecare schimbare a condițiilor existenței sale materiale?

N'est-il pas évident que la conscience de l'homme change lorsque ses relations sociales et sa vie sociale changent ?

Nu este evident că conștiința omului se schimbă atunci când relațiile sale sociale și viața sa socială se schimbă?

Qu'est-ce que l'histoire des idées prouve d'autre, sinon que la production intellectuelle change de caractère à mesure que la production matérielle se modifie ?

Ce altceva dovedește istoria ideilor, decât că producția intelectuală își schimbă caracterul în măsura în care se schimbă producția materială?

Les idées dominantes de chaque époque ont toujours été les idées de sa classe dirigeante

Ideile dominante ale fiecărei epoci au fost întotdeauna ideile clasei sale conducătoare

Quand on parle d'idées qui révolutionnent la société, on n'exprime qu'un seul fait

Când oamenii vorbesc despre idei care revoluționează societatea, ei nu fac decât să exprime un fapt

Au sein de l'ancienne société, les éléments d'une nouvelle société ont été créés

În cadrul vechii societăți, au fost create elementele uneia noi

et que la dissolution des vieilles idées va de pair avec la dissolution des anciennes conditions d'existence

și că dizolvarea vechilor idei ține pasul cu dizolvarea vechilor condiții de existență

Lorsque le monde antique était dans ses dernières affresses, les anciennes religions ont été vaincues par le christianisme

Când lumea antică era în ultimele chinuri, religiile antice au fost învinse de creștinism

Lorsque les idées chrétiennes ont succombé au XVIIIe siècle aux idées rationalistes, la société féodale a mené une bataille à mort contre la bourgeoisie alors révolutionnaire

Când ideile creștine au cedat în secolul al XVIII-lea în fața ideilor raționaliste, societatea feudală a dus lupta mortală cu burghezia revoluționară de atunci

Les idées de liberté religieuse et de liberté de conscience n'ont fait qu'exprimer l'emprise de la libre concurrence dans le domaine de la connaissance

Ideile de libertate religioasă și libertate de conștiință nu au făcut decât să exprime influența liberei concurențe în domeniul cunoașterii

« Sans doute, dira-t-on, les idées religieuses, morales, philosophiques et juridiques ont été modifiées au cours du développement historique »

"Fără îndoială", se va spune, "ideile religioase, morale, filozofice și juridice au fost modificate în cursul dezvoltării istorice"

Mais la religion, la morale, la philosophie, la science politique et le droit ont constamment survécu à ce changement.

"Dar religia, moralitatea, filozofia, științele politice și dreptul au supraviețuit în mod constant acestei schimbări"

« Il y a aussi des vérités éternelles, telles que la Liberté, la Justice, etc. »

"Există și adevăruri eterne, cum ar fi libertatea, dreptatea etc."

« Ces vérités éternelles sont communes à tous les états de la société »

"Aceste adevăruri eterne sunt comune tuturor stărilor societății"

« Mais le communisme abolit les vérités éternelles, il abolit toute religion et toute morale »

"Dar comunismul desființează adevărurile eterne, desființează orice religie și orice moralitate"

« il fait cela au lieu de les constituer sur une nouvelle base »

"Face asta în loc să le constituie pe o bază nouă"

« Elle agit donc en contradiction avec toute l'expérience historique passée »

"Prin urmare, acționează în contradicție cu toată experiența istorică trecută"

À quoi se réduit cette accusation ?

La ce se reduce această acuzație?

L'histoire de toute la société passée a consisté dans le développement d'antagonismes de classe

Istoria întregii societăți trecute a constat în dezvoltarea antagonismelor de clasă

antagonismes qui ont pris des formes différentes selon les époques

antagonisme care au luat forme diferite în diferite epoci

Mais quelle que soit la forme qu'ils aient prise, un fait est commun à tous les âges passés

Dar oricare ar fi forma pe care au luat-o, un fapt este comun tuturor epocilor trecute

l'exploitation d'une partie de la société par l'autre

exploatarea unei părți a societății de către cealaltă

Il n'est donc pas étonnant que la conscience sociale des âges passés se meuve à l'intérieur de certaines formes communes ou d'idées générales

Nu este de mirare, atunci, că conștiința socială a epocii trecute se mișcă în anumite forme comune sau idei generale

(et ce, malgré toute la multiplicité et la variété qu'il affiche)

(și asta în ciuda multiplicității și varietății pe care o afișează)

et ceux-ci ne peuvent disparaître complètement qu'avec la disparition totale des antagonismes de classe

și acestea nu pot dispărea complet decât odată cu dispariția totală a antagonismelor de clasă

La révolution communiste est la rupture la plus radicale avec les rapports de propriété traditionnels

Revoluția comunistă este cea mai radicală ruptură cu relațiile tradiționale de proprietate

Il n'est donc pas étonnant que son développement implique la rupture la plus radicale avec les idées traditionnelles

Nu este de mirare că dezvoltarea sa implică cea mai radicală ruptură cu ideile tradiționale

Mais finissons-en avec les objections de la bourgeoisie contre le communisme

Dar să terminăm cu obiecțiile burgheziei față de comunism

Nous avons vu plus haut le premier pas de la révolution de la classe ouvrière

Am văzut mai sus primul pas în revoluția clasei muncitoare

Le prolétariat doit être élevé à la position de dirigeant, pour gagner la bataille de la démocratie

proletariatul trebuie să fie ridicat la poziția de conducere, pentru a câștiga bătălia democrației

Le prolétariat usera de sa suprématie politique pour arracher peu à peu tout le capital à la bourgeoisie

Proletariatul își va folosi supremația politică pentru a smulge, treptat, tot capitalul de la burghezie

elle centralisera tous les instruments de production entre les mains de l'État

va centraliza toate instrumentele de producție în mâinile statului

En d'autres termes, le prolétariat s'est organisé en classe dominante

cu alte cuvinte, proletariatul organizat ca clasă conducătoare

et elle augmentera le plus rapidement possible le total des forces productives

și va crește totalul forțelor de producție cât mai repede posibil

Bien sûr, au début, cela ne peut se faire qu'au moyen d'incursions despotiques dans les droits de propriété

Desigur, la început, acest lucru nu poate fi realizat decât prin intermediul incursiunilor despotice asupra drepturilor de proprietate

et elle doit être réalisée dans les conditions de la production bourgeoise

și trebuie să fie realizat în condițiile producției burgheze

Elle est donc réalisée au moyen de mesures qui semblent économiquement insuffisantes et intenables

prin urmare, se realizează prin intermediul unor măsuri care par insuficiente din punct de vedere economic și nesustenabile

mais ces moyens, dans le cours du mouvement, se dépassent d'eux-mêmes

dar aceste mijloace, în cursul mișcării, se depășesc

elles nécessitent de nouvelles incursions dans l'ancien ordre social

ele necesită noi incursiuni în vechea ordine socială

et ils sont inévitables comme moyen de révolutionner entièrement le mode de production

și sunt inevitabile ca mijloc de revoluționare completă a modului de producție

Ces mesures seront bien sûr différentes selon les pays

Aceste măsuri vor fi, desigur, diferite în diferite țări

Néanmoins, dans les pays les plus avancés, ce qui suit sera assez généralement applicable

Cu toate acestea, în cele mai avansate țări, următoarele vor fi destul de general aplicabile

1. L'abolition de la propriété foncière et l'affectation de toutes les rentes foncières à des fins publiques.

1. Abolirea proprietății asupra terenurilor și aplicarea tuturor chiriilor de pământ în scopuri publice.

2. Un impôt sur le revenu progressif ou progressif lourd.

2. Un impozit pe venit progresiv sau progresiv puternic.

3. Abolition de tout droit d'héritage.

3. Abolirea oricărui drept de moștenire.

4. Confiscation des biens de tous les émigrés et rebelles.

4. Confiscarea proprietăților tuturor emigranților și rebelilor.

5. Centralisation du crédit entre les mains de l'État, au moyen d'une banque nationale à capital d'État et monopole exclusif.

5. Centralizarea creditului în mâinile statului, prin intermediul unei bănci naționale cu capital de stat și monopol exclusiv.

6. Centralisation des moyens de communication et de transport entre les mains de l'État.

6. Centralizarea mijloacelor de comunicare și transport în mâinile statului.

7. Extension des usines et des instruments de production appartenant à l'État

7. Extinderea fabricilor și instrumentelor de producție deținute de stat

la mise en culture des terres incultes, et l'amélioration du sol en général d'après un plan commun.

aducerea în cultivare a terenurilor pustii și îmbunătățirea solului în general în conformitate cu un plan comun.

8. Responsabilité égale de tous vis-à-vis du travail

8. Răspunderea egală a tuturor față de muncă

Mise en place d'armées industrielles, notamment pour l'agriculture.

Înființarea de armate industriale, în special pentru agricultură.

9. Combinaison de l'agriculture et des industries manufacturières

9. Combinarea agriculturii cu industriile prelucrătoare

l'abolition progressive de la distinction entre la ville et la campagne, par une répartition plus égale de la population sur le territoire.

abolirea treptată a distincției dintre oraș și țară, printr-o distribuție mai echitabilă a populației în țară.

10. Gratuité de l'éducation pour tous les enfants dans les écoles publiques.

10. Educație gratuită pentru toți copiii din școlile publice.

Abolition du travail des enfants dans les usines sous sa forme actuelle

Abolirea muncii copiilor în fabrici în forma sa actuală

Combinaison de l'éducation et de la production industrielle

Combinarea educației cu producția industrială

Quand, au cours du développement, les distinctions de classe ont disparu

Când, în cursul dezvoltării, distincțiile de clasă au dispărut

et quand toute la production aura été concentrée entre les mains d'une vaste association de toute la nation

și când toată producția a fost concentrată în mâinile unei vaste asociații a întregii națiuni

alors la puissance publique perdra son caractère politique

atunci puterea publică își va pierde caracterul politic

Le pouvoir politique, proprement dit, n'est que le pouvoir organisé d'une classe pour en opprimer une autre

Puterea politică, propriu-zisă așa, este doar puterea organizată a unei clase pentru a asupri pe alta

Si le prolétariat, dans sa lutte contre la bourgeoisie, est contraint, par la force des choses, de s'organiser en classe

Dacă proletariatul în timpul luptei sale cu burghezia este obligat, prin forța împrejurărilor, să se organizeze ca clasă

si, par une révolution, elle se fait la classe dominante

dacă, prin intermediul unei revoluții, se face clasa conducătoare

et, en tant que telle, elle balaie par la force les anciennes conditions de production

și, ca atare, mătură cu forța vechile condiții de producție

alors, avec ces conditions, elle aura balayé les conditions d'existence des antagonismes de classes et des classes en général

atunci, împreună cu aceste condiții, va fi măturat condițiile existenței antagonismelor de clasă și a claselor în general

et aura ainsi aboli sa propre suprématie en tant que classe.

și astfel și-ar fi abolit propria supremație ca clasă.

A la place de l'ancienne société bourgeoise, avec ses classes et ses antagonismes de classes, nous aurons une association

În locul vechii societăți burgheze, cu clasele și antagonismele ei de clasă, vom avea o asociație

une association dans laquelle le libre développement de chacun est la condition du libre développement de tous

o asociație în care libera dezvoltare a fiecăruia este condiția pentru libera dezvoltare a tuturor

1) Le socialisme réactionnaire

1) Socialismul reacționar

a) Le socialisme féodal

a) Socialismul feudal

les aristocraties de France et d'Angleterre avaient une position historique unique

aristocrațiile din Franța și Anglia au avut o poziție istorică unică

c'est devenu leur vocation d'écrire des pamphlets contre la société bourgeoise moderne

a devenit vocația lor să scrie pamflete împotriva societății burgheze moderne

Dans la révolution française de juillet 1830 et dans l'agitation réformiste anglaise

În revoluția franceză din iulie 1830 și în agitația reformei engleze

Ces aristocraties succombèrent de nouveau à l'odieux parvenu

Aceste aristocrații au cedat din nou în fața urâtului parvenit

Dès lors, il n'était plus question d'une lutte politique sérieuse

De atunci, o competiție politică serioasă a fost cu totul exclusă

Tout ce qui restait possible, c'était une bataille littéraire, pas une véritable bataille

Tot ce a mai rămas posibil a fost o bătălie literară, nu o bătălie reală

Mais même dans le domaine de la littérature, les vieux cris de la période de la restauration étaient devenus impossibles

Dar chiar și în domeniul literaturii vechile strigăte ale perioadei restaurației deveniseră imposibile

Pour s'attirer la sympathie, l'aristocratie était obligée de perdre de vue, semble-t-il, ses propres intérêts

Pentru a stârni simpatie, aristocrația a fost obligată să piardă din vedere, aparent, propriile interese

et ils ont été obligés de formuler leur réquisitoire contre la bourgeoisie dans l'intérêt de la classe ouvrière exploitée

și au fost obligați să-și formuleze rechizitoriul împotriva burgheziei în interesul clasei muncitoare exploatate

C'est ainsi que l'aristocratie prit sa revanche en chantant des pamphlets sur son nouveau maître

Astfel, aristocrația s-a răzbunat cântând satiri la adresa noului lor stăpân

et ils prirent leur revanche en lui murmurant à l'oreille de sinistres prophéties de catastrophe à venir

și s-au răzbunat șoptindu-i la ureche profeții sinistre despre catastrofa viitoare

C'est ainsi qu'est né le socialisme féodal : moitié lamentation, moitié moquerie

În acest fel a apărut socialismul feudal: jumătate plângere, jumătate satirizare

Il sonnait comme un demi-écho du passé, et projetait une demi-menace de l'avenir

sună ca jumătate ecou al trecutului și proiectează jumătate amenințare a viitorului

parfois, par sa critique acerbe, spirituelle et incisive, il frappait la bourgeoisie au plus profond de lui-même

uneori, prin critica sa amară, spirituală și incisivă, a lovit burghezia până în adâncul inimii

mais elle a toujours été ridicule dans son effet, par l'incapacité totale de comprendre la marche de l'histoire moderne

dar a fost întotdeauna ridicol în efectul său, din cauza incapacității totale de a înțelege marșul istoriei moderne

L'aristocratie, pour rallier le peuple à elle, agitait le sac d'aumône prolétarien en guise de bannière

Aristocrația, pentru a aduna poporul în fața lor, a fluturat sacul de pomană proletar în față pentru un steag

Mais le peuple, toutes les fois qu'il se joignait à lui, voyait sur son arrière-train les anciennes armoiries féodales

Dar poporul, atât de des când i s-a alăturat, a văzut pe spatele lor vechile steme feudale

et ils désertèrent avec des rires bruyants et irrévérencieux

și au dezertat cu râsete zgomotoase și ireverențioase

Une partie des légitimistes français et de la « Jeune Angleterre » offrit ce spectacle

O secțiune a legitimiștilor francezi și a "Tânărăi Anglie" a prezentat acest spectacol

les féodaux ont fait remarquer que leur mode d'exploitation était différent de celui de la bourgeoisie

feudaliștii au subliniat că modul lor de exploatare era diferit de cel al burgheziei

Les féodaux oublient qu'ils ont exploité dans des circonstances et des conditions tout à fait différentes

feudaliștii uită că au exploatat în circumstanțe și condiții destul de diferite

Et ils n'ont pas remarqué que de telles méthodes d'exploitation sont maintenant désuètes

și nu au observat că astfel de metode de exploatare sunt acum învechite

Ils ont montré que, sous leur domination, le prolétariat moderne n'a jamais existé

Ei au arătat că, sub conducerea lor, proletariatul modern nu a existat niciodată

mais ils oublient que la bourgeoisie moderne est le produit nécessaire de leur propre forme de société

dar ei uită că burghezia modernă este urmașul necesar al propriei forme de societate

Pour le reste, ils dissimulent à peine le caractère réactionnaire de leur critique

În rest, ei cu greu ascund caracterul reacționar al criticii lor

Leur principale accusation contre la bourgeoisie se résume à ceci

acuzația lor principală împotriva burgheziei se ridică la următoarea

sous le régime bourgeois, une classe sociale se développe

sub regimul burgheziei se dezvoltă o clasă socială

Cette classe sociale est destinée à découper de fond en comble l'ancien ordre de la société

Această clasă socială este destinată să taie rădăcini și ramificații vechea ordine a societății

Ce qu'ils reprochent à la bourgeoisie, ce n'est pas tant qu'elle crée un prolétariat

Ceea ce mustră burghezia nu este atât de mult că creează un proletariat

ce qu'ils reprochent à la bourgeoisie, c'est plutôt de créer un prolétariat révolutionnaire

ceea ce mustră burghezia este mai mult decât atât, încât creează un proletariat revoluționar

Dans la pratique politique, ils se joignent donc à toutes les mesures coercitives contre la classe ouvrière

Prin urmare, în practica politică, ei se alătură tuturor măsurilor coercitive împotriva clasei muncitoare

Et dans la vie ordinaire, malgré leurs phrases hautaines, ils s'abaissent à ramasser les pommes d'or tombées de l'arbre de l'industrie

iar în viața obișnuită, în ciuda frazelor lor înalte, se apleacă să ridice merele de aur căzute din pomul industriei

et ils troquent la vérité, l'amour et l'honneur contre le commerce de la laine, du sucre de betterave et de l'eau-de-vie de pommes de terre

și fac schimb de adevăr, dragoste și onoare pentru comerțul cu lână, zahăr de sfeclă roșie și rachiu de cartofi

De même que le pasteur a toujours marché main dans la main avec le propriétaire foncier, il en a été de même du socialisme clérical et du socialisme féodal

Așa cum parohul a mers întotdeauna mână în mână cu proprietarul, la fel a făcut și socialismul clerical cu socialismul feudal

Rien n'est plus facile que de donner à l'ascétisme chrétien une teinte socialiste

Nimic nu este mai ușor decât să dai ascetismului creștin o tentă socialistă

Le christianisme n'a-t-il pas déclamé contre la propriété privée, contre le mariage, contre l'État ?

Nu a declamat creștinismul împotriva proprietății private, împotriva căsătoriei, împotriva statului?

Le christianisme n'a-t-il pas prêché à la place de la charité et de la pauvreté ?

Nu a predicat creștinismul în locul acestora, caritatea și sărăcia?

Le christianisme ne prêche-t-il pas le célibat et la mortification de la chair, de la vie monastique et de l'Église mère ?

Creștinismul nu predică celibatul și mortificarea cărnii, viața monahală și Biserica-Mamă?

Le socialisme chrétien n'est que l'eau bénite avec laquelle le prêtre consacre les brûlures du cœur de l'aristocrate

Socialismul creștin nu este decât apa sfințită cu care preotul sfințește arsurile inimii aristocratului

b) Le socialisme petit-bourgeois

b) Socialismul mic-burghez

L'aristocratie féodale n'est pas la seule classe ruinée par la bourgeoisie

Aristocrația feudală nu a fost singura clasă care a fost ruinată de burghezie

ce n'était pas la seule classe dont les conditions d'existence languissaient et périssaient dans l'atmosphère de la société bourgeoise moderne

nu a fost singura clasă ale cărei condiții de existență tânjeau și piereau în atmosfera societății burgheze moderne

Les bourgeois médiévaux et les petits propriétaires paysans ont été les précurseurs de la bourgeoisie moderne

Burghezii medievali și micii țărani proprietari au fost precursorii burgheziei moderne

Dans les pays peu développés, tant au point de vue industriel que commercial, ces deux classes végètent encore côte à côte

În acele țări puțin dezvoltate, din punct de vedere industrial și comercial, aceste două clase încă vegeta una lângă alta

et pendant ce temps, la bourgeoisie se lève à côté d'eux : industriellement, commercialement et politiquement

și între timp burghezia se ridică lângă ei: industrial, comercial și politic

Dans les pays où la civilisation moderne s'est pleinement développée, une nouvelle classe de petite bourgeoisie s'est formée

În țările în care civilizația modernă s-a dezvoltat pe deplin, s-a format o nouă clasă de mici burghezii

cette nouvelle classe sociale oscille entre le prolétariat et la bourgeoisie

această nouă clasă socială fluctuează între proletariat și burghezie

et elle se renouvelle sans cesse en tant que partie supplémentaire de la société bourgeoise

și se reînnoiește mereu ca o parte suplimentară a societății burgheze

Cependant, les membres individuels de cette classe sont constamment précipités dans le prolétariat

Membrii individuali ai acestei clase, totuși, sunt aruncați în mod constant în proletariat

ils sont aspirés par le prolétariat par l'action de la concurrence

ei sunt absorbiți de proletariat prin acțiunea concurenței

Au fur et à mesure que l'industrie moderne se développe, ils voient même approcher le moment où ils disparaîtront complètement en tant que section indépendante de la société moderne

Pe măsură ce industria modernă se dezvoltă, ei văd chiar că se apropie momentul în care vor dispărea complet ca o secțiune independentă a societății moderne

ils seront remplacés, dans les manufactures, l'agriculture et le commerce, par des surveillants, des huissiers et des boutiquiers

ei vor fi înlocuiți, în manufacturi, agricultură și comerț, de supraveghetori, executori judecătorești și negustori

Dans des pays comme la France, où les paysans représentent bien plus de la moitié de la population

În țări precum Franța, unde țăranii constituie mult mai mult de jumătate din populație

il était naturel qu'il y ait des écrivains qui se rangent du côté du prolétariat contre la bourgeoisie

era firesc să existe scriitori care să fie de partea proletariatului împotriva burgheziei

dans leur critique du régime bourgeois, ils utilisaient l'étendard de la bourgeoisie paysanne et de la petite bourgeoisie

în critica lor la adresa regimului burgheziei, ei au folosit standardul țăranului și al micii burghezii

et, du point de vue de ces classes intermédiaires, ils prennent le relais de la classe ouvrière

și din punctul de vedere al acestor clase intermediare, ei iau
bâtele pentru clasa muncitoare

**C'est ainsi qu'est né le socialisme petit-bourgeois, dont
Sismondi était le chef de cette école, non seulement en
France, mais aussi en Angleterre**

Astfel a apărut socialismul mic-burghezian, al cărui
conducător era Sismondi al acestei școli, nu numai în Franța, ci
și în Anglia

**Cette école du socialisme a disséqué avec une grande acuité
les contradictions des conditions de la production moderne**

Această școală de socialism a disecat cu mare acuitate
contradicțiile din condițiile producției moderne

Cette école a mis à nu les excuses hypocrites des économistes

Această școală a dezvăluit scuzele ipocrite ale economiștilor

**Cette école prouva sans conteste les effets désastreux du
machinisme et de la division du travail**

Această școală a dovedit, în mod incontestabil, efectele
dezastruoase ale mașinilor și diviziunii muncii

**elle prouvait la concentration du capital et de la terre entre
quelques mains**

A dovedit concentrarea capitalului și a pământului în câteva
mâini

**elle a prouvé comment la surproduction conduit à des crises
bourgeoises**

a dovedit cum supraproducția duce la crize burgheze

**il soulignait la ruine inévitable de la petite bourgeoisie et
des paysans**

ea a arătat ruina inevitabilă a micii burghezii și a țăranilor

**la misère du prolétariat, l'anarchie de la production, les
inégalités criantes dans la répartition des richesses**

mizeria proletariatului, anarhia în producție, inegalitățile
stridente în distribuția bogăției

**Il a montré comment le système de production mène la
guerre industrielle d'extermination entre les nations**

A arătat cum sistemul de producție conduce războiul
industrial de exterminare între națiuni

la dissolution des vieux liens moraux, des vieilles relations familiales, des vieilles nationalités

dizolvarea vechilor legături morale, a vechilor relații de familie, a vechilor naționalități

Dans ses objectifs positifs, cependant, cette forme de socialisme aspire à réaliser l'une des deux choses suivantes

În scopurile sale pozitive, totuși, această formă de socialism aspiră să realizeze unul din două lucruri

soit elle vise à restaurer les anciens moyens de production et d'échange

fie urmărește să restabilească vechile mijloace de producție și de schimb

et avec les anciens moyens de production, elle rétablirait les anciens rapports de propriété et l'ancienne société

și cu vechile mijloace de producție ar restabili vechile relații de proprietate și vechea societate

ou bien elle vise à enfermer les moyens modernes de production et d'échange dans l'ancien cadre des rapports de propriété

sau urmărește să înghesuie mijloacele moderne de producție și schimb în vechiul cadru al relațiilor de proprietate

Dans un cas comme dans l'autre, elle est à la fois réactionnaire et utopique

În ambele cazuri, este atât reacționară, cât și utopică

Ses derniers mots sont : guildes corporatives pour la fabrication, relations patriarcales dans l'agriculture

Ultimele sale cuvinte sunt: bresle corporatiste pentru producție, relații patriarhale în agricultură

En fin de compte, lorsque les faits historiques obstinés ont dispersé tous les effets enivrants de l'auto-tromperie

În cele din urmă, când faptele istorice încăpățânate au dispersat toate efectele îmbătătoare ale autoamăgirii

cette forme de socialisme se termina par un misérable accès de pitié

această formă de socialism s-a încheiat într-o mizerabilă criză de milă

c) Le socialisme allemand, ou « vrai »
c) Socialismul german sau "adevărat"

La littérature socialiste et communiste de France est née sous la pression d'une bourgeoisie au pouvoir
Literatura socialistă și comunistă din Franța a apărut sub presiunea unei burghezii la putere

Et cette littérature était l'expression de la lutte contre ce pouvoir
și această literatură a fost expresia luptei împotriva acestei puteri

elle a été introduite en Allemagne à une époque où la bourgeoisie venait de commencer sa lutte contre l'absolutisme féodal
a fost introdus în Germania într-un moment în care burghezia tocmai începuse lupta cu absolutismul feudal

Les philosophes allemands, les prétendus philosophes et les beaux esprits, s'emparèrent avidement de cette littérature
Filozofii germani, potențialii filozofi și beaux esprits, au profitat cu nerăbdare de această literatură

mais ils oubliaient que les écrits avaient émigré de France en Allemagne sans apporter avec eux les conditions sociales françaises
dar au uitat că scrierile au emigrat din Franța în Germania fără a aduce condițiile sociale franceze

Au contact des conditions sociales allemandes, cette littérature française perd toute sa signification pratique immédiate
În contact cu condițiile sociale germane, această literatură franceză și-a pierdut toată semnificația practică imediată

et la littérature communiste de France a pris un aspect purement littéraire dans les cercles académiques allemands
iar literatura comunistă din Franța a căpătat un aspect pur literar în cercurile academice germane

Ainsi, les exigences de la première Révolution française n'étaient rien d'autre que les exigences de la « raison pratique »

Astfel, cererile primei Revoluții Franceze nu au fost altceva decât cerințele "rațiunii practice"

et l'expression de la volonté de la bourgeoisie française révolutionnaire signifiait à leurs yeux la loi de la volonté pure

iar rostirea voinței burgheziei franceze revoluționare semnifica în ochii lor legea voinței pure

il signifiait la Volonté telle qu'elle devait être ; de la vraie Volonté humaine en général

însemna Will așa cum trebuia să fie; de adevărata voință umană în general

Le monde des lettrés allemands ne consistait qu'à mettre les nouvelles idées françaises en harmonie avec leur ancienne conscience philosophique

Lumea literaților germani a constat numai în a aduce noile idei franceze în armonie cu conștiința lor filozofică antică

ou plutôt, ils ont annexé les idées françaises sans déserter leur propre point de vue philosophique

sau mai degrabă, au anexat ideile franceze fără a-și părăsi propriul punct de vedere filozofic

Cette annexion s'est faite de la même manière que l'on s'approprie une langue étrangère, c'est-à-dire par la traduction

Această anexare a avut loc în același mod în care se însușește o limbă străină, și anume, prin traducere

Il est bien connu comment les moines ont écrit des vies stupides de saints catholiques sur des manuscrits

Este bine cunoscut cum călugării au scris vieți prostești ale sfinților catolici peste manuscrise

les manuscrits sur lesquels les œuvres classiques de l'ancien paganisme avaient été écrites

manuscrisele pe care fuseseră scrise lucrările clasice ale păgânismului antic

Les lettrés allemands ont inversé ce processus avec la littérature française profane

Literații germani au inversat acest proces cu literatura franceză profană

Ils ont écrit leurs absurdités philosophiques sous l'original français

Și-au scris prostiile filozofice sub originalul francez

Par exemple, sous la critique française des fonctions économiques de l'argent, ils ont écrit « L'aliénation de l'humanité »

De exemplu, sub critica franceză a funcțiilor economice ale banilor, ei au scris "Alienarea umanității"

au-dessous de la critique française de l'État bourgeois, ils écrivaient « détrônement de la catégorie du général »

sub critica franceză a statului burghez, ei au scris "detronarea categoriei generalului"

L'introduction de ces phrases philosophiques à la fin des critiques historiques françaises qu'ils ont baptisées :

Introducerea acestor fraze filozofice în spatele criticilor istorice franceze pe care le-au numit:

« Philosophie de l'action », « Vrai socialisme », « Science allemande du socialisme », « Fondement philosophique du socialisme », etc

"Filosofia acțiunii", "Adevăratul socialism", "Știința germană a socialismului", "Fundamentul filosofic al socialismului" și așa mai departe

La littérature socialiste et communiste française est ainsi complètement émasculée

Literatura socialistă și comunistă franceză a fost astfel complet emasculată

entre les mains des philosophes allemands, elle cessa d'exprimer la lutte d'une classe contre l'autre

în mâinile filozofilor germani a încetat să mai exprime lupta unei clase cu cealaltă

et c'est ainsi que les philosophes allemands se sentaient conscients d'avoir surmonté « l'unilatéralité française »

și astfel filozofii germani s-au simțit conștienți că au depășit "unilateralitatea franceză"

Il n'avait pas à représenter de vraies exigences, mais plutôt des exigences de vérité

nu trebuia să reprezinte cerințe adevărate, ci mai degrabă reprezenta cerințe ale adevărului

il n'y avait pas d'intérêt pour le prolétariat, mais plutôt pour la nature humaine

nu a existat niciun interes pentru proletariat, mai degrabă a existat interes pentru natura umană

l'intérêt était dans l'Homme en général, qui n'appartient à aucune classe et n'a pas de réalité

interesul era pentru om în general, care nu aparține niciunei clase și nu are realitate

un homme qui n'existe que dans le royaume brumeux de la fantaisie philosophique

un om care există doar în tărâmul cețos al fanteziei filozofice

mais finalement, ce socialisme allemand d'écolier perdit aussi son innocence pédante

dar în cele din urmă acest socialism german și-a pierdut și inocența pedantă

la bourgeoisie allemande, et surtout la bourgeoisie prussienne, luttait contre l'aristocratie féodale

burghezia germană, și în special burghezia prusacă a luptat împotriva aristocrației feudale

la monarchie absolue de l'Allemagne et de la Prusse était également combattue

monarhia absolută a Germaniei și Prusiei a fost de asemenea luptată împotriva

Et à son tour, la littérature du mouvement libéral est également devenue plus sérieuse

și, la rândul său, literatura mișcării liberale a devenit și ea mai serioasă

L'Allemagne a eu l'occasion longtemps souhaitée par le « vrai » socialisme de se voir offrir

S-a oferit oportunitatea mult dorită de Germania pentru socialismul "adevărat"

l'occasion de confronter le mouvement politique aux revendications socialistes

oportunitatea de a confrunta mișcarea politică cu cererile socialiste

l'occasion de jeter les anathèmes traditionnels contre le libéralisme

oportunitatea de a arunca anatemele tradiționale împotriva liberalismului

l'occasion d'attaquer le gouvernement représentatif et la concurrence bourgeoise

oportunitatea de a ataca guvernul reprezentativ și concurența burgheză

Liberté de la presse bourgeoise, législation bourgeoise, liberté et égalité bourgeoise

Libertatea presei burgheziei, legislația burgheziei, libertatea și egalitatea burgheziei

Tout cela pourrait maintenant être critiqué dans le monde réel, plutôt que dans la fantaisie

toate acestea ar putea fi acum criticate în lumea reală, mai degrabă decât în fantezie

L'aristocratie féodale et la monarchie absolue prêchaient depuis longtemps aux masses

aristocrația feudală și monarhia absolută predicaseră de mult timp maselor

« L'ouvrier n'a rien à perdre, et il a tout à gagner »

"Muncitorul nu are nimic de pierdut și are totul de câștigat"

le mouvement bourgeois offrait aussi une chance de se confronter à ces platitudes

mișcarea burgheză a oferit, de asemenea, o șansă de a se confrunta cu aceste platitudini

la critique française présupposait l'existence d'une société bourgeoise moderne

critica franceză presupunea existența unei societăți burgheze moderne

Conditions économiques d'existence de la bourgeoisie et constitution politique de la bourgeoisie

Condiţiile economice de existenţă ale burgheziei şi constituţia politică a burgheziei

les choses mêmes dont la réalisation était l'objet de la lutte imminente en Allemagne

chiar lucrurile a căror realizare a fost obiectul luptei în curs din Germania

L'écho stupide du socialisme en Allemagne a abandonné ces objectifs juste à temps

Ecoul prostesc al socialismului din Germania a abandonat aceste obiective chiar la timp

Les gouvernements absolus avaient leur suite de pasteurs, de professeurs, d'écuyers de campagne et de fonctionnaires

Guvernele absolute aveau adepţii lor de preoţi, profesori, scutieri de ţară şi funcţionari

le gouvernement de l'époque a répondu aux soulèvements de la classe ouvrière allemande par des coups de fouet et des balles

guvernul vremii a întâmpinat revoltele clasei muncitoare germane cu biciuiri şi gloanţe

pour eux, ce socialisme était un épouvantail bienvenu contre la bourgeoisie menaçante

pentru ei, acest socialism a servit ca o sperietoare binevenită împotriva burgheziei ameninţătoare

et le gouvernement allemand a pu offrir un dessert sucré après les pilules amères qu'il a distribuées

iar guvernul german a reuşit să ofere un desert dulce după pastilele amare pe care le-a distribuit

ce « vrai » socialisme servait donc aux gouvernements d'arme pour combattre la bourgeoisie allemande

acest socialism "adevărat" a servit astfel guvernelor ca armă de luptă împotriva burgheziei germane

et, en même temps, il représentait directement un intérêt réactionnaire ; celle des Philistins allemands

și, în același timp, reprezenta în mod direct un interes
reacționar; cea a filistenilor germani
**En Allemagne, la petite bourgeoisie est la véritable base
sociale de l'état de choses actuel**
În Germania, clasa mică-burgheză este adevărata bază socială
a stării de lucruri existente
**une relique du XVIe siècle qui n'a cessé de surgir sous
diverses formes**
o relicvă a secolului al XVI-lea care a apărut constant sub
diferite forme
**Conserver cette classe, c'est préserver l'état de choses
existant en Allemagne**
A păstra această clasă înseamnă a păstra starea de lucruri
existentă în Germania
**La suprématie industrielle et politique de la bourgeoisie
menace la petite bourgeoisie d'une destruction certaine**
Supremația industrială și politică a burgheziei amenință mica
burghezie cu distrugeri sigure
**d'une part, elle menace de détruire la petite bourgeoisie par
la concentration du capital**
pe de o parte, amenință să distrugă mica burghezie prin
concentrarea capitalului
**d'autre part, la bourgeoisie menace de la détruire par
l'avènement d'un prolétariat révolutionnaire**
pe de altă parte, burghezia amenință să-l distrugă prin
ascensiunea unui proletariat revoluționar
**Le « vrai » socialisme semblait faire d'une pierre deux coups.
Il s'est répandu comme une épidémie**
Socialismul "adevărat" părea să omoare acești doi păsări dintr-
o lovitură. S-a răspândit ca o epidemie
**La robe de toiles d'araignées spéculatives, brodée de fleurs
de rhétorique, trempée dans la rosée du sentiment maladif**
Roba de pânze de păianjen speculative, brodată cu flori de
retorică, cufundată în roua sentimentelor bolnăvicioase
**cette robe transcendantale dans laquelle les socialistes
allemands enveloppaient leurs tristes « vérités éternelles »**

această haină transcendentală în care socialiştii germani şi-au înfăşurat tristele "adevăruri eterne"

tout de peau et d'os, servaient à augmenter merveilleusement la vente de leurs marchandises auprès d'un public aussi

toate pielea şi oasele, au servit pentru a creşte minunat vânzarea mărfurilor lor în rândul unui astfel de public

Et de son côté, le socialisme allemand reconnaissait de plus en plus sa propre vocation

Şi, la rândul său, socialismul german şi-a recunoscut, din ce în ce mai mult, propria sa chemare

on l'appelait à être le représentant grandiloquent de la petite-bourgeoisie philistine

a fost chemat să fie reprezentantul bombastic al filisteanului mic-burghez

Il proclamait que la nation allemande était la nation modèle, et le petit philistin allemand l'homme modèle

A proclamat naţiunea germană ca naţiune model, iar micul filistean german omul model

À chaque méchanceté de cet homme modèle, elle donnait une interprétation socialiste cachée, plus élevée

Fiecărei răutăcii ticăloase a acestui om model îi dădea o interpretare socialistă ascunsă, superioară,

cette interprétation socialiste supérieure était l'exact contraire de son caractère réel

această interpretare socialistă superioară era exact opusul caracterului său real

Il est allé jusqu'à s'opposer directement à la tendance « brutalement destructrice » du communisme

A mers până la extrema de a se opune direct tendinţei "brutal distructive" a comunismului

et il proclamait son mépris suprême et impartial de toutes les luttes de classes

şi şi-a proclamat dispreţul suprem şi imparţial faţă de toate luptele de clasă

À de très rares exceptions près, toutes les publications dites socialistes et communistes qui circulent aujourd'hui (1847) en Allemagne appartiennent au domaine de cette littérature nauséabonde et énervante

Cu foarte puține excepții, toate așa-numitele publicații socialiste și comuniste care circulă acum (1847) în Germania aparțin domeniului acestei literaturi murdare și enervante

2) Le socialisme conservateur ou le socialisme bourgeois
2) Socialismul conservator sau socialismul burghez

Une partie de la bourgeoisie est désireuse de redresser les griefs sociaux
O parte a burgheziei dorește să repare nemulțumirile sociale
afin d'assurer la pérennité de la société bourgeoise
pentru a asigura existența continuă a societății burgheze
C'est à cette section qu'appartiennent les économistes, les philanthropes, les humanitaires
Acestei secțiuni aparțin economiști, filantropi, umanitari
améliorateurs de la condition de la classe ouvrière et organisateurs de la charité
îmbunătățitori ai situației clasei muncitoare și organizatori de caritate
membres des sociétés de prévention de la cruauté envers les animaux
membri ai societăților pentru prevenirea cruzimii față de animale
fanatiques de la tempérance, réformateurs de toutes sortes imaginables
fanatici ai temperanței, reformatori de orice fel imaginabil
Cette forme de socialisme a, d'ailleurs, été élaborée en systèmes complets
Această formă de socialism a fost, în plus, elaborată în sisteme complete
On peut citer la « Philosophie de la Misère » de Proudhon comme exemple de cette forme
Putem cita "Philosophie de la Misère" a lui Proudhon ca exemplu al acestei forme
La bourgeoisie socialiste veut tous les avantages des conditions sociales modernes
Burghezia socialistă vrea toate avantajele condițiilor sociale moderne
mais la bourgeoisie socialiste ne veut pas nécessairement des luttes et des dangers qui en résultent

dar burghezia socialistă nu vrea neapărat luptele și pericolele rezultate

Ils désirent l'état actuel de la société, sans ses éléments révolutionnaires et désintégrateurs

Ei doresc starea existentă a societății, fără elementele ei revoluționare și dezintegratoare

c'est-à-dire qu'ils veulent une bourgeoisie sans prolétariat

cu alte cuvinte, ei doresc o burghezie fără proletariat

La bourgeoisie conçoit naturellement le monde dans lequel elle est souveraine d'être la meilleure

Burghezia concepe în mod natural lumea în care este suprem să fie cel mai bun

et le socialisme bourgeois développe cette conception confortable en divers systèmes plus ou moins complets

iar socialismul burghez dezvoltă această concepție confortabilă în diferite sisteme mai mult sau mai puțin complete

ils voudraient beaucoup que le prolétariat marche droit dans la Nouvelle Jérusalem sociale

ar dori foarte mult ca proletariatul să mărșăluiască imediat în Noul Ierusalim social

Mais en réalité, elle exige du prolétariat qu'il reste dans les limites de la société existante

dar în realitate cere proletariatului să rămână în limitele societății existente

ils demandent au prolétariat de se débarrasser de toutes ses idées haineuses sur la bourgeoisie

ei cer proletariatului să renunțe la toate ideile lor pline de ură cu privire la burghezie

il y a une seconde forme plus pratique, mais moins systématique, de ce socialisme

există o a doua formă mai practică, dar mai puțin sistematică, a acestui socialism

Cette forme de socialisme cherchait à déprécier tout mouvement révolutionnaire aux yeux de la classe ouvrière

Această formă de socialism a căutat să depreciere orice mișcare revoluționară în ochii clasei muncitoare

Ils soutiennent qu'aucune simple réforme politique ne pourrait leur être d'un quelconque avantage

Ei susțin că nicio simplă reformă politică nu le-ar putea aduce vreun avantaj

Seul un changement dans les conditions matérielles d'existence dans les relations économiques est bénéfique

numai o schimbare a condițiilor materiale de existență în relațiile economice este benefică

Comme le communisme, cette forme de socialisme prône un changement des conditions matérielles d'existence

Ca și comunismul, această formă de socialism pledează pentru o schimbare a condițiilor materiale de existență

Cependant, cette forme de socialisme ne suggère nullement l'abolition des rapports de production bourgeois

cu toate acestea, această formă de socialism nu sugerează în niciun caz abolirea relațiilor de producție burgheze

l'abolition des rapports de production bourgeois ne peut se faire que par la révolution

abolirea relațiilor de producție ale burgheziei nu poate fi realizată decât printr-o revoluție

Mais au lieu d'une révolution, cette forme de socialisme suggère des réformes administratives

Dar în loc de o revoluție, această formă de socialism sugerează reforme administrative

et ces réformes administratives seraient fondées sur la pérennité de ces relations

iar aceste reforme administrative s-ar baza pe existența continuă a acestor relații

réformes qui n'affectent en rien les rapports entre le capital et le travail

reforme, prin urmare, care nu afectează în niciun fel relațiile dintre capital și muncă

au mieux, de telles réformes réduisent le coût et simplifient le travail administratif du gouvernement bourgeois

în cel mai bun caz, astfel de reforme reduc costurile și simplifică munca administrativă a guvernului burghez

Le socialisme bourgeois atteint une expression adéquate lorsque, et seulement lorsque, il devient une simple figure de style

Socialismul burghez atinge o expresie adecvată, atunci când și numai atunci când devine o simplă figură de stil

Le libre-échange : au profit de la classe ouvrière

Comerțul liber: în beneficiul clasei muncitoare

Les devoirs protecteurs : au profit de la classe ouvrière

Îndatoriri de protecție: în beneficiul clasei muncitoare

Réforme pénitentiaire : au profit de la classe ouvrière

Reforma penitenciarelor: în beneficiul clasei muncitoare

C'est le dernier mot et le seul mot sérieux du socialisme bourgeois

Acesta este ultimul cuvânt și singurul cuvânt serios al socialismului burghez

Elle se résume dans la phrase : la bourgeoisie est une bourgeoisie au profit de la classe ouvrière

Este rezumat în fraza: Burghezia este o burghezie în beneficiul clasei muncitoare

3) Socialisme et communisme utopiques critiques
3) Socialismul critic-utopic și comunismul

Nous ne nous référons pas ici à la littérature qui a toujours donné la parole aux revendications du prolétariat
Nu ne referim aici la acea literatură care a dat întotdeauna glas revendicărilor proletariatului

cela a été présent dans toutes les grandes révolutions modernes, comme les écrits de Babeuf et d'autres
acest lucru a fost prezent în fiecare mare revoluție modernă, cum ar fi scrierile lui Babeuf și ale altora

Les premières tentatives directes du prolétariat pour parvenir à ses propres fins échouèrent nécessairement
Primele încercări directe ale proletariatului de a-și atinge propriile scopuri au eșuat în mod necesar

Ces tentatives ont été faites dans des temps d'effervescence universelle, lorsque la société féodale était renversée
Aceste încercări au fost făcute în vremuri de agitație universală, când societatea feudală era răsturnată

L'état alors peu développé du prolétariat a conduit à l'échec de ces tentatives
Starea atunci nedezvoltată a proletariatului a dus la eșecul acestor încercări

et ils ont échoué en raison de l'absence des conditions économiques pour son émancipation
și au eșuat din cauza absenței condițiilor economice pentru emanciparea sa

conditions qui n'avaient pas encore été produites, et qui ne pouvaient être produites que par l'époque de la bourgeoisie
condiții care nu fuseseră încă produse și puteau fi produse numai de epoca burgheză iminentă

La littérature révolutionnaire qui accompagnait ces premiers mouvements du prolétariat avait nécessairement un caractère réactionnaire
Literatura revoluționară care a însoțit aceste prime mișcări ale proletariatului a avut în mod necesar un caracter reacționar

Cette littérature inculquait l'ascétisme universel et le nivellement social dans sa forme la plus grossière

Această literatură a inculcat ascetismul universal și nivelarea socială în forma sa cea mai crudă

Les systèmes socialistes et communistes, proprement dits, naissent au début de la période sous-développée

Sistemele socialiste și comuniste, propriu-zise așa, apar în perioada timpurie nedezvoltată

Saint-Simon, Fourier, Owen et d'autres, ont décrit la lutte entre le prolétariat et la bourgeoisie (voir section 1)

Saint-Simon, Fourier, Owen și alții au descris lupta dintre proletariat și burghezie (vezi secțiunea 1)

Les fondateurs de ces systèmes voient, en effet, les antagonismes de classe

Fondatorii acestor sisteme văd, într-adevăr, antagonismele de clasă

Ils voient aussi l'action des éléments en décomposition, dans la forme dominante de la société

De asemenea, ei văd acțiunea elementelor în descompunere, în forma predominantă a societății

Mais le prolétariat, encore à ses débuts, leur offre le spectacle d'une classe sans aucune initiative historique

Dar proletariatul, încă la început, le oferă spectacolul unei clase fără inițiativă istorică

Ils voient le spectacle d'une classe sociale sans aucun mouvement politique indépendant

ei văd spectacolul unei clase sociale fără nicio mișcare politică independentă

Le développement de l'antagonisme de classe va de pair avec le développement de l'industrie

dezvoltarea antagonismului de clasă ține pasul cu dezvoltarea industriei

La situation économique ne leur offre donc pas encore les conditions matérielles de l'émancipation du prolétariat

deci situația economică nu le oferă încă condițiile materiale pentru emanciparea proletariatului

Ils cherchent donc une nouvelle science sociale, de nouvelles lois sociales, qui doivent créer ces conditions

Prin urmare, ei caută o nouă știință socială, noi legi sociale, care să creeze aceste condiții

l'action historique, c'est céder à leur action inventive personnelle

acțiunea istorică este să cedeze acțiunii lor inventive personale

Les conditions d'émancipation créées historiquement doivent céder la place à des conditions fantastiques

condițiile de emancipare create istoric trebuie să cedeze condițiilor fantastice

et l'organisation de classe graduelle et spontanée du prolétariat doit céder la place à l'organisation de la société

iar organizarea de clasă treptată, spontană a proletariatului trebuie să cedeze în fața organizării societății

l'organisation de la société spécialement conçue par ces inventeurs

organizarea societății special concepută de acești inventatori

L'histoire future se résout, à leurs yeux, dans la propagande et l'exécution pratique de leurs projets sociaux

Istoria viitoare se rezolvă, în ochii lor, în propaganda și realizarea practică a planurilor lor sociale

Dans l'élaboration de leurs plans, ils ont conscience de s'occuper avant tout des intérêts de la classe ouvrière

În formarea planurilor lor, ei sunt conștienți că se îngrijesc în principal de interesele clasei muncitoare

Ce n'est que du point de vue d'être la classe la plus souffrante que le prolétariat existe pour eux

Doar din punctul de vedere al clasei cele mai suferinde există proletariatul pentru ei

L'état sous-développé de la lutte des classes et leur propre environnement informent leurs opinions

Starea nedezvoltată a luptei de clasă și propriul lor mediu le informează opiniile

Les socialistes de ce genre se considèrent comme bien supérieurs à tous les antagonismes de classe

Socialiștii de acest fel se consideră cu mult superiori tuturor antagonismelor de clasă

Ils veulent améliorer la condition de tous les membres de la société, même celle des plus favorisés

Ei vor să îmbunătățească starea fiecărui membru al societății, chiar și a celor mai favorizați

Par conséquent, ils s'adressent habituellement à la société dans son ensemble, sans distinction de classe

Prin urmare, ei fac apel în mod obișnuit la societate în general, fără deosebire de clasă

Bien plus, ils font appel à la société dans son ensemble de préférence à la classe dirigeante

ba mai mult, ele atrag societatea în general prin preferință clasei conducătoare

Pour eux, tout ce qu'il faut, c'est que les autres comprennent leur système

Pentru ei, tot ce trebuie este ca alții să le înțeleagă sistemul

Car comment les gens peuvent-ils ne pas voir que le meilleur plan possible est le meilleur état possible de la société ?

Pentru că cum pot oamenii să nu vadă că cel mai bun plan posibil este pentru cea mai bună stare posibilă a societății?

C'est pourquoi ils rejettent toute action politique, et surtout toute action révolutionnaire

Prin urmare, ei resping orice acțiune politică, și mai ales orice acțiune revoluționară

ils veulent arriver à leurs fins par des moyens pacifiques

ei doresc să-și atingă scopurile prin mijloace pașnice

ils s'efforcent, par de petites expériences, qui sont nécessairement vouées à l'échec

ei se străduiesc, prin mici experimente, care sunt în mod necesar sortite eșecului

et par la force de l'exemple, ils essaient d'ouvrir la voie au nouvel Évangile social

și prin forța exemplului încearcă să deschidă calea pentru noua Evanghelie socială

De tels tableaux fantastiques de la société future, peints à une époque où le prolétariat est encore dans un état très sous-développé

Astfel de tablouri fantastice ale societății viitoare, pictate într-un moment în care proletariatul este încă într-o stare foarte nedezvoltată

et il n'a encore qu'une conception fantasmatique de sa propre position

și încă nu are decât o concepție fantastică a propriei poziții

Mais leurs premières aspirations instinctives correspondent aux aspirations du prolétariat

dar primele lor dorințe instinctive corespund cu dorințele proletariatului

L'un et l'autre aspirent à une reconstruction générale de la société

Ambii tânjesc după o reconstrucție generală a societății

Mais ces publications socialistes et communistes contiennent aussi un élément critique

Dar aceste publicații socialiste și comuniste conțin și un element critic

Ils s'attaquent à tous les principes de la société existante

Ei atacă fiecare principiu al societății existente

C'est pourquoi ils sont remplis des matériaux les plus précieux pour l'illumination de la classe ouvrière

Prin urmare, ele sunt pline de cele mai valoroase materiale pentru iluminarea clasei muncitoare

Ils proposent l'abolition de la distinction entre la ville et la campagne, et la famille

ei propun abolirea distincției dintre oraș și țară și familie

la suppression de l'exercice de l'industrie pour le compte des particuliers

desființarea desfășurării de industrii în contul persoanelor fizice

et l'abolition du salariat et la proclamation de l'harmonie sociale

și abolirea sistemului de salarizare și proclamarea armoniei
sociale

**la transformation des fonctions de l'État en une simple
surveillance de la production**

transformarea funcțiilor statului într-o simplă superintendență
a producției

**Toutes ces propositions ne pointent que vers la disparition
des antagonismes de classe**

Toate aceste propuneri indică doar dispariția antagonismelor
de clasă

Les antagonismes de classe ne faisaient alors que surgir

antagonismele de clasă abia apăreau la acea vreme

**Dans ces publications, ces antagonismes de classe ne sont
reconnus que dans leurs formes les plus anciennes,
indistinctes et indéfinies**

În aceste publicații aceste antagonisme de clasă sunt
recunoscute doar în formele lor cele mai timpurii, indistincte
și nedefinite

Ces propositions ont donc un caractère purement utopique

Aceste propuneri, prin urmare, au un caracter pur utopic

**La signification du socialisme et du communisme critiques-
utopiques est en relation inverse avec le développement
historique**

Semnificația socialismului critic-utopic și a comunismului are
o relație inversă cu dezvoltarea istorică

**La lutte de classe moderne se développera et continuera à
prendre une forme définitive**

Lupta de clasă modernă se va dezvolta și va continua să
prindă o formă clară

**Cette réputation fantastique du concours perdra toute valeur
pratique**

Această poziție fantastică din concurs își va pierde orice
valoare practică

**Ces attaques fantastiques contre les antagonismes de classe
perdront toute justification théorique**

Aceste atacuri fantastice asupra antagonismelor de clasă vor pierde orice justificare teoretică

Les initiateurs de ces systèmes étaient, à bien des égards, révolutionnaires

Inițiatorii acestor sisteme au fost, în multe privințe, revoluționari

Mais leurs disciples n'ont, dans tous les cas, formé que des sectes réactionnaires

dar discipolii lor au format, în toate cazurile, simple secte reacționare

Ils s'en tiennent fermement aux vues originales de leurs maîtres

Ei se țin strâns de opiniile originale ale stăpânilor lor

Mais ces vues s'opposent au développement historique progressif du prolétariat

dar aceste opinii sunt în opoziție cu dezvoltarea istorică progresivă a proletariatului

Ils s'efforcent donc, et cela constamment, d'étouffer la lutte des classes

Prin urmare, ei se străduiesc, și asta în mod constant, să atenueze lupta de clasă

et ils s'efforcent constamment de concilier les antagonismes de classe

și se străduiesc în mod constant să reconcilieze antagonismele de clasă

Ils rêvent encore de la réalisation expérimentale de leurs utopies sociales

Ei încă visează la realizarea experimentală a utopiilor lor sociale

ils rêvent encore de fonder des « phalanstères » isolés et d'établir des « colonies d'origine »

ei încă visează să fondeze "falansteri" izolați și să înființeze "colonii de origine"

ils rêvent de mettre en place une « Petite Icarie » – éditions duodecimo de la Nouvelle Jérusalem

ei visează să înființeze o "Mică Icaria" – ediții duodecimo ale Noului Ierusalim

Et ils rêvent de réaliser tous ces châteaux dans les airs

și visează să realizeze toate aceste castele în aer

Ils sont obligés de faire appel aux sentiments et aux bourses des bourgeois

ei sunt obligați să apeleze la sentimentele și pungile burgheziei

Peu à peu, ils s'enfoncent dans la catégorie des socialistes conservateurs réactionnaires décrits ci-dessus

Treptat, ei se scufundă în categoria socialiștilor conservatori reacționari descrisă mai sus

ils ne diffèrent de ceux-ci que par une pédanterie plus systématique

ele diferă de acestea doar prin pedanterie mai sistematică

et ils diffèrent par leur croyance fanatique et superstitieuse aux effets miraculeux de leur science sociale

și diferă prin credința lor fanatică și superstițioasă în efectele miraculoase ale științei lor sociale

Ils s'opposent donc violemment à toute action politique de la part de la classe ouvrière

Prin urmare, ei se opun violent oricărei acțiuni politice din partea clasei muncitoare

une telle action, selon eux, ne peut résulter que d'une incrédulité aveugle dans le nouvel Évangile

o astfel de acțiune, potrivit lor, nu poate rezulta decât din necredința oarbă în noua Evanghelie

Les owénistes en Angleterre et les fouriéristes en France s'opposent respectivement aux chartistes et aux réformistes

Oweniții din Anglia și, respectiv, fourieriștii din Franța se opun cartiștilor și "reformierilor"

Position des communistes par rapport aux divers partis d'opposition existants

Poziția comuniștilor în raport cu diferitele partide de opoziție existente

La section II a mis en évidence les relations des communistes avec les partis ouvriers existants

Secțiunea a II-a a clarificat relațiile comuniștilor cu partidele muncitorești existente

comme les chartistes en Angleterre et les réformateurs agraires en Amérique

cum ar fi cartiștii din Anglia și reformatorii agrari din America

Les communistes luttent pour la réalisation des objectifs immédiats

Comuniștii luptă pentru atingerea scopurilor imediate

Ils luttent pour l'application des intérêts momentanés de la classe ouvrière

ei luptă pentru impunerea intereselor de moment ale clasei muncitoare

Mais dans le mouvement politique d'aujourd'hui, ils représentent et s'occupent aussi de l'avenir de ce mouvement

Dar în mișcarea politică a prezentului, ei reprezintă și au grijă de viitorul acelei mișcări

En France, les communistes s'allient avec les social-démocrates

În Franța, comuniștii se aliază cu social-democrații

et ils se positionnent contre la bourgeoisie conservatrice et radicale

și se poziționează împotriva burgheziei conservatoare și radicale

cependant, ils se réservent le droit d'adopter une position critique à l'égard des phrases et des illusions traditionnellement héritées de la grande Révolution

cu toate acestea, își rezervă dreptul de a adopta o poziție critică în ceea ce privește frazele și iluziile transmise în mod tradițional de la marea Revoluție

En Suisse, ils soutiennent les radicaux, sans perdre de vue que ce parti est composé d'éléments antagonistes

În Elveția îi susțin pe radicali, fără a pierde din vedere faptul că acest partid este format din elemente antagonice

en partie des socialistes démocrates, au sens français du terme, en partie de la bourgeoisie radicale

parțial din socialiștii democrați, în sensul francez, parțial din burghezia radicală

En Pologne, ils soutiennent le parti qui insiste sur la révolution agraire comme condition première de l'émancipation nationale

În Polonia ei susțin partidul care insistă asupra unei revoluții agrare ca condiție principală pentru emanciparea națională

ce parti qui fomenta l'insurrection de Cracovie en 1846

partidul care a instigat la insurecția de la Cracovia în 1846

En Allemagne, ils luttent avec la bourgeoisie chaque fois qu'elle agit de manière révolutionnaire

În Germania se luptă cu burghezia ori de câte ori aceasta acționează într-un mod revoluționar

contre la monarchie absolue, l'escroc féodal et la petite bourgeoisie

împotriva monarhiei absolute, a scutieriei feudale și a micii burghezii

Mais ils ne cessent jamais, un seul instant, inculquer à la classe ouvrière une idée particulière

Dar ei nu încetează niciodată, nici măcar o clipă, să insufle clasei muncitoare o idee particulară

la reconnaissance la plus claire possible de l'antagonisme hostile entre la bourgeoisie et le prolétariat

cea mai clară recunoaștere posibilă a antagonismului ostil dintre burghezie și proletariat

afin que les ouvriers allemands puissent immédiatement utiliser les armes dont ils disposent

astfel încât muncitorii germani să poată folosi imediat armele de care dispun

les conditions sociales et politiques que la bourgeoisie doit nécessairement introduire en même temps que sa suprématie

condițiile sociale și politice pe care burghezia trebuie să le introducă în mod necesar împreună cu supremația sa

la chute des classes réactionnaires en Allemagne est inévitable

căderea claselor reacționare din Germania este inevitabilă

et alors la lutte contre la bourgeoisie elle-même peut commencer immédiatement

și atunci lupta împotriva burgheziei însăși ar putea începe imediat

Les communistes tournent leur attention principalement vers l'Allemagne, parce que ce pays est à la veille d'une révolution bourgeoise

Comuniștii își îndreaptă atenția mai ales spre Germania, pentru că această țară este în ajunul unei revoluții burgheze

une révolution qui ne manquera pas de s'accomplir dans des conditions plus avancées de la civilisation européenne

o revoluție care trebuie să se desfășoare în condiții mai avansate ale civilizației europene

Et elle ne manquera pas de se faire avec un prolétariat beaucoup plus développé

și este obligat să se desfășoare cu un proletariat mult mai dezvoltat

un prolétariat plus avancé que celui de l'Angleterre au XVIIe siècle, et celui de la France au XVIIIe siècle

un proletariat mai avansat decât cel al Angliei era în secolul al XVII-lea, iar al Franței în secolul al XVIII-lea

et parce que la révolution bourgeoise en Allemagne ne sera que le prélude d'une révolution prolétarienne qui suivra immédiatement

și pentru că revoluția burgheză din Germania nu va fi decât preludiu la o revoluție proletară imediat următoare

Bref, partout les communistes soutiennent tout mouvement révolutionnaire contre l'ordre social et politique existant

Pe scurt, comuniștii de pretutindeni susțin orice mișcare revoluționară împotriva ordinii sociale și politice existente

Dans tous ces mouvements, ils mettent au premier plan, comme la question maîtresse de chacun d'eux, la question de la propriété

În toate aceste mișcări ei aduc în prim-plan, ca întrebare principală în fiecare, problema proprietății

quel que soit son degré de développement dans ce pays à ce moment-là

indiferent de gradul său de dezvoltare în acea țară la acea vreme

Enfin, ils œuvrent partout pour l'union et l'accord des partis démocratiques de tous les pays

În cele din urmă, ei lucrează pretutindeni pentru uniunea și acordul partidelor democratice din toate țările

Les communistes dédaignent de dissimuler leurs vues et leurs objectifs

Comuniștii disprețuiesc să-și ascundă opiniile și scopurile

Ils déclarent ouvertement que leurs fins ne peuvent être atteintes que par le renversement par la force de toutes les conditions sociales existantes

Ei declară deschis că scopurile lor pot fi atinse numai prin răsturnarea forțată a tuturor condițiilor sociale existente

Que les classes dirigeantes tremblent devant une révolution communiste

Lăsați clasele conducătoare să tremure la o revoluție comunistă

Les prolétaires n'ont rien d'autre à perdre que leurs chaînes

Proletarii nu au nimic de pierdut în afară de lanțurile lor

Ils ont un monde à gagner

Au o lume de câștigat

TRAVAILLEURS DE TOUS LES PAYS, UNISSEZ-VOUS !

MUNCITORI DIN TOATE ȚĂRILE, UNIȚI-VĂ!